DAS MAIS-KOCHBUCH

ERICA BÄNZIGER
VRENY WALTHER-SCHÄRZ

DAS
MAIS
KOCHBUCH

MIDENA

Die Deutsche Bibliothek – CIP-Einheitsaufnahme

Bänziger, Erica:
Das Mais-Kochbuch / Erica Bänziger ; Vreny Walther-Schärz.
Küttigen/Aarau : Midena ; Augsburg : Weltbild, 1998
   ISBN 3-310-00311-6

Alleinvertrieb für Deutschland:
WELTBILD VERLAG GmbH
Steinerne Furt 68–70, 86167 Augsburg

© 1998 – MIDENA VERLAG GmbH, CH-5024 Küttigen/Aarau
Gestaltung Umschlag und Konzept Inhalt: Dora Eichenberger-Hirter, Birrwil
Fotos: Christoph Walther (Seiten 14, 19);
National Geographic Society Washington D.C. (Seiten 11 und 15);
Evelyn und Hans-Peter König, Zürich (Seite 22 sowie alle Foodbilder);
Gerhard Fasolin, Lenzburg (Seiten 24, 27 und 31);
Thomas Cugini, Zürich (Seiten 29, 32, 37)
Lithos: Lang Polycom AG, Basel
Satz: Kneuss Satz AG, Lenzburg
Druck und Bindung: Neue Stalling, Oldenburg

ISBN 3-310-00311-6

INHALT

INHALT

INHALT

Verwendete Abkürzungen

EL = gestrichener Esslöffel
TL = gestrichener Teelöffel
ml = Milliliter
dl = Deziliter
l   = Liter
Msp = Messerspitze

Symbole zu den Rezepten

 mit frischen oder konservierten
Maiskörnern

 mit Maisgrieß und/oder
Maismehl

Wo nicht anders erwähnt,
sind die Rezepte für 4 Personen
berechnet

Maisgott aus dem alten Mexiko

Vorwort

Wenn Maisbrei auf dem Speisezettel stand, dann gab es bei uns Kindern lange Gesichter. Ja, da blieb unserer lieben Mutter nichts anders übrig, als jedem seine Portion zuzuteilen. Erst viel später wurde uns bewusst, dass es nicht der Brei sein konnte, der auf so breiten Widerstand stieß, sondern das wenig kindergerechte Umfeld. Kinder stehen nun mal auf Süßes … und zum Maisbrei gab es partout nur Gemüse und Salat. Ob der Mais aufgrund solcher oder ähnlicher negativer Erlebnisse damals aus vielen Alltagsküchen verbannt worden ist, vermögen wir nicht zu beurteilen.

Mittlerweile sind wir einer würzigen Polenta, so wie sie auf dem offenen Feuer in einem urchigen Tessiner Grotto gekocht wird, keinesfalls mehr abgeneigt. Und der Siegeszug der süßen Maiskolben frisch ab Grill hält an … Dass es zwischen nostalgischer Polenta und gegrilltem Maiskolben so manches zu entdecken und zu genießen gibt, war auch für uns ein schönes und spannendes Erlebnis. Und da es heute überall Maisgrieß gibt, von fein bis grob, zudem auch Maismehl und außerhalb der Saison im Glas eingemachte oder tiefgekühlte Maiskörner, fällt es leicht, dieses gesunde Getreide in der Alltagsküche wieder vermehrt einzusetzen.

Entdecken Sie mit uns die neue Maisküche.

Erica Bänziger
Vreny Walther

DAS GETREIDE AUS DER NEUEN WELT

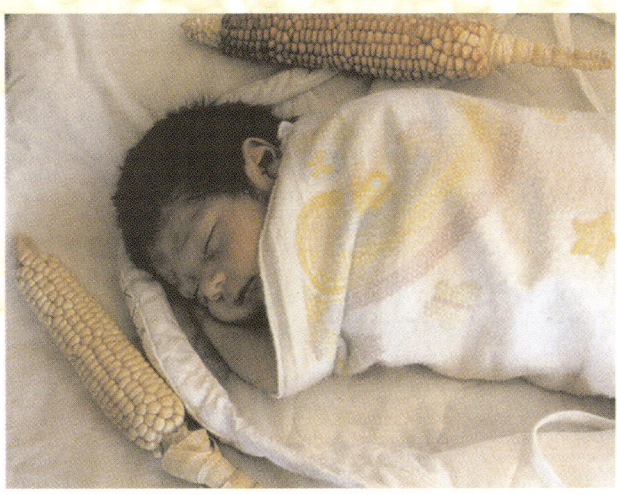

Die Wiege der Maispflanze stand im antiken Reich der Azteken, Inkas und Mayas. Das Getreide ist möglicherweise als Mutation aus einer Wildgrasart hervorgegangen, die noch heute in Mexiko gedeiht. Diese Mutation haben die Ureinwohner Mittelamerikas vor gut 8000 Jahren konsequent weiterkultiviert und daraus Hunderte von Sorten gezüchtet.

Dadurch verlor der Mais seine Fähigkeit, frei in der Natur zu überleben. Denn er besitzt keinerlei Mechanismen, seine Körner zu verteilen, weder durch den Wind, die Explosion einer Samenkapsel noch durch Ausrieseln. Ein auf dem Acker liegen gebliebener Maiskolben schafft es unter besten Voraussetzungen höchstens, einige Jungpflanzen zum Keimen zu bringen. Doch sie stehen viel zu nahe beisammen, die gegenseitige Konkurrenz ist so groß, dass kaum eine Pflanze zur Fruchtreife gelangt.

Goldenes Korn der Indianer

Zusammen mit Bohnen und Kürbis zählte der Mais bei den Indianern zu den «heiligen drei Schwestern», die für sich gemeinsam sorgen, einander lieben und achten. Die drei Gemüse gedeihen harmonisch auf dem gleichen Fleckchen Erde in Mischkultur und fördern sich gegenseitig im Wachstum.

Denn Mais ist ein Starkzehrer. Die Bohnen sammeln Stickstoff aus der Luft, speichern ihn in den Wurzelknöllchen und düngen damit den Boden. Der mit üppiger Blattmasse wuchernde Kürbis beschattet die Erde und bewahrt damit dem Mais die dringend benötigte Feuchtigkeit, ohne die er sich nicht entwickeln kann.

Eine ausgewogene Kost

Die poetische Weisheit der Indianer ist verblüffend: Erstens wird die Mischkultur der drei Gemüse heutzutage erfolgreich im biologischen Anbau umgesetzt; und zweitens deckt ein Menü aus Mais, Bohnen und Kürbis sämtliche Grundbedürfnisse der menschlichen Ernährung.

Ernährungswissenschaftler haben herausgefunden, dass gewisse Kohlenhydratverbindungen hervorragende Kombinationen an pflanzlichem Eiweiß ergeben und somit auf tierisches Eiweiß wie Fleisch und Wurst verzichtet werden kann. Eine Tatsache, die immer mehr Menschen überzeugt, ihren Speiseplan entsprechend vegetarisch zu gestalten.

Hochachtung für vielfältigen Nutzen

Mais spielte bei den alten Völkern der Neuen Welt während Jahrtausenden eine zentrale Rolle. Davon zeugen die Palastgärten der Inkas, die mit detaillierten Darstellungen von Stängeln, Blättern, Kolben und Körnern aus Gold und Silber geschmückt waren.

Die Indios kultivierten Sorten zum Backen von Maisfladen, verwendeten andere für Brei und aus Dritten stellten sie Popcorn her. Sogar zum Brauen von Bier nutzten sie das Getreide. Mit den Pflanzenstängeln deckten sie ihre Hütten, aus den Hüllblättern der Kolben flochten sie kunstvolle Körbe und Matten oder drehten sie zu Seilen und Stricken. Sie trockneten die von den Körnern befreiten Maiskolben und nutzten sie als Brennmaterial zum Kochen.

Mystischer Mais

Bei einigen Indianerstämmen ist das goldene Korn noch heute Symbol des Lebens, der Ewigkeit und der Auferstehung. Sie nennen das Getreide liebevoll «Maize», was soviel wie Kornmutter bedeutet und ein Synonym für die Fruchtbarkeitsgöttin ist, die im präkolumbischen Amerika in höchster Gunst stand. Ihr zu Ehren opferten die Ureinwohner in religiösen Riten zu Ketten aufgefädelte Maiskörner. Sogar den Toten gaben die Indianer das goldene Korn mit ins Grab (als Wegzehrung für neues Werden).

Mais zählt bei den Indianern zum Ursprung der Schöpfung. Im «Popol Vuh», dem heiligen Buch der Mayas, steht geschrieben, dass es den Göttern erst gelang, die menschliche

Kreatur zu erschaffen, als sie der Moduliermasse Maismehl beigemischt hatten. Die Indios sind von ihrem Glauben so überzeugt, dass sie selbst die Christianisierung nicht davon abhalten kann, zum Maisgott Cinteotl zu beten.

Für den Stamm der Zuni-Indianer zeigen die verschiedenen Maisfarben die vier Himmelsrichtungen an:

Gelber Mais für Norden

Blauer Mais für Westen   Weißer Mais für Osten

Roter Mais für Süden

Möglicherweise hängt diese Interpretation mit den klimatischen Bedingungen im amerikanischen Kontinent zusammen. Denn je nach Sorte stellt die Maispflanze unterschiedliche Ansprüche an Bodenbeschaffenheit, Höhenlage, Klima und Standort.

Der blaue Hopi-Mais

Den Hopi-Indianern diente der blaukörnige Mais jedenfalls als Kompass. Überall dort, wo diese ausgefallene Pflanze gedeihen konnte, liessen sie sich für einige Zeit nieder. Der als heilig verehrte blaue Mais hatte damit wesentlichen Einfluss auf ihre Wanderungen durch die grenzenlosen Weiten des Landes.

Blau ist die auserkorene Lieblingsfarbe der Hopi-Indianer. Kein Wunder, verehrten sie den blauen Mais als ihre wichtigste Weihgabe bei Ritualen. Sie haben ihn aus gelbem Mais gezüchtet und vorwiegend für spirituelle Zwecke genutzt. Das typische Hopi-Brot kneten sie aus Mehl von blauem Mais. Seine Körner sind bedeutend härter als diejenigen der gelben Variante.

Blauer Mais wird noch heute, wenn auch in relativ kleinen Mengen angebaut: In Bioläden und Reformhäusern sind Chips aus blauem Mais im Angebot.

Grundstein der Agrikultur

Mit der Maiskultur begründeten die Indios den Ackerbau auf dem amerikanischen Kontinent. Damit schufen sie die Voraussetzung für ihren sagenhaften Reichtum in der präkolumbischen Zeit. Gemäß Überlieferung berichtete der Sohn des Seefahrers Christoph Kolumbus von 30 Kilometer langen Plantagen, die mit Mais, Bohnen und Kürbissen bepflanzt gewesen seien. Er soll beobachtet haben, dass die Ureinwohner in jedes Pflanzloch drei Maiskörner steckten (und dazu einen Fischkopf als Dünger).

Die ersten Europäer lernten das goldene Korn am 5. November 1492 in Kuba kennen: Ein Chronist der damaligen Zeit hielt dieses Datum in seinen Aufzeichnungen fest, als einer spanischen Schiffsbesatzung Maiskolben als Geschenk überreicht worden waren. Christoph Kolumbus brachte Maiskörner von seiner ersten Reise in die Neue Welt im März 1493 nach Europa. Nach anderen Quellen war es allerdings der goldgierige Diaz del Castillo.

Bei den eroberten «Goldkörnern» handelte es sich um den kleinkörnigen Puffmais, der unter Hitze zu Popcorn zerplatzt. Das eigentümliche Gewächs, das an Bambus erinnert, blühte bald einmal in den vornehmen Gärten im spanischen Sevilla.

Die damaligen Gutbetuchten kultivierten die göttliche Pflanze lediglich zur Zier. Wer es sich leisten konnte, ergatterte die begehrten Samen und gab sie gönnerhaft weiter. So kam es, dass «Welschkorn» in Mitteleuropa während rund 300 Jahren als reine Kuriosität in Gärten gedieh. Erst im 18. Jahrhundert wuchs der Mais als geschätztes Getreide in den Donauländern. Dies im Gegensatz zu den Südeuropäern, die den wahren Wert des goldenen Korns auf Anhieb erkannten.

Überbleibsel aus Atlantis?

Die Legende erzählt, der Mais sei beim Untergang von Atlantis als einziges Getreide von den sieben Gaben der Göttin Demeter nicht nach Osten, sondern nach Westen mitgenommen worden. Atlantis ist die sagenhafte Insel, die der griechische Philosoph Plato (427 bis 347 v. Chr.) beschrieben hat und die im Atlantischen Ozean, der die Ostküste des amerikanischen Kontinents umspült, versunken sein soll.

18

MAIS EROBERT DIE WELT

Von Spanien und Portugal aus verbreitete sich der Mais über Frankreich und Italien bis nach Vorderasien, wo er Mitte des 16. Jahrhunderts erstmals angebaut worden ist. Portugiesische Seefahrer brachten ihn nach Westafrika und Indien. Schließlich schlug das Getreide auch in China Wurzeln, und damit hatte die heilige Pflanze der Indianer innerhalb von 100 Jahren praktisch die ganze Welt erobert.

Neben Weizen und Reis ist Mais heute weltweit das drittwichtigste Getreide. Der weitaus größte Teil wird allerdings an Masttiere verfüttert. Angesichts des Welthungers ist dies eine verheerende Verschwendung. Denn um eine einzige tierische Kalorie in Form von Fleisch zu erzeugen, sind im Durchschnitt sieben Kalorien pflanzlichen Ursprungs als Viehfutter nötig!

Das Brot der Armen

Polenta, der aus Maisgrieß gekochte Brei der Italiener und der Tessiner, war einst oft einzige Nahrung der Armen. Wie so vieles, das an Entbehrung erinnert (Beispiele sind Kürbis, Speisekohl und weiße Rüben/Räben), wird von der Wohlstandsgesellschaft geflissentlich verschmäht.

Die ersten Gastarbeiter, die nach dem Zweiten Weltkrieg aus Italien in die Schweiz kamen, wurden verächtlich «Maiser» genannt. Polenta war damals höchstens als «Arme-Leute-Essen» aus dem Tessin bekannt und für die Schweizer nördlich des Gotthards ein Novum. Und was der Bauer nicht kennt …

Inzwischen sind die Italiener in der Schweiz längst integriert. Geblieben ist das Wort «Mais» für Lärm in der Deutschschweizer Mundart: Die beschaulichen Eidgenossen bekundeten redlich Mühe mit den lautstarken und temperamentvollen Wortschwallen der südlichen Nachbarn, die sich bei jeder Gelegenheit auf Bahnhöfen und öffentlichen Plätzen zum Diskutieren trafen.

Die traditionelle Polenta

Im Tessin, genauso wie in Italien, hat die Polenta ihre Tradition bewahrt, auch wenn sie auf den Speisekarten für Touristen nur selten anzutreffen ist. Ursprünglich ließ man den Maisgrieß langsam aus der Hand in Salzwasser rieseln, das in einem Kupferkessel über offenem Feuer brodelte. Damit sich keine Klumpen bilden, muss der Brei während einer halben Stunde ununterbrochen mit einem Holzlöffel gerührt werden. Dann lässt man die Polenta zehn Minuten lang ungestört, damit sich auf dem Topfboden und entlang des Randes eine feine Kruste bildet. Anschließend stürzt man den Maisbrei auf ein Holzbrett und zerteilt ihn mit einem Faden.

Maisbrei als Trauergericht

In den ländlichen, engen Tälern des Tessins hat Tradition einen goldenen Boden. An Allerseelen frönen die Bewohner dem alten Brauch der «Polenta nera», des schwarzen Maisbreis. Die graue Farbe stammt von Buchweizenmehl, das dem Maisgrieß zu gut zwei Dritteln beigemischt wird. Im Einklang mit der Trauer um die Verstorbenen ist der Faden für die Portionierung selbstverständlich schwarz.

Buchweizen wird übrigens in Deutschland unter dem Namen «Tatarenkorn» seit dem 15. Jahrhundert angebaut. Er war in Russland und in slawischen Ländern einst Volkskost und schmeckt vorzüglich nach pikanten Nüssen. Ein Aroma, das sich mit Mais delikat zu einem harmonischen Ganzen vereint.

Die Wiege der Polenta

In der norditalienischen Lombardei wird Mais bereits seit dem Jahre 1555 angebaut. Die Legende erzählt, ein Herzog aus den Bergen südlich von Rimini hätte die Samen, auf Samt gebettet, von einer Reise mit Christoph Kolumbus aus der Neuen Welt gebracht.

Doch erst im 19. Jahrhundert wurde der Mais zur ernsthaften Konkurrenz der Hirse. Als «grano di turc» oder «granturco» (Türkenkorn) begann das goldene Korn der Indianer seinen Siegeszug im Süden. Im Tessiner Dialekt heißt der Mais «carlun», was «langer

Stängel» bedeutet. Dies in Anlehnung an die hochaufgeschossene Pflanze, die eine Länge bis zu drei Metern erreicht. Die Altvorderen im Süden sahen den Mais als männliches Symbol, aus dem sich in Form des reifen Kolbens ein Knabe entblättere.

In der Lombardei, in Venetien, im Südtirol, im Piemont, im Friaul und im Trentino wird die Polenta noch heute mit Andacht gerührt. Der geeignete Topf ist aus Kupfer, Gusseisen oder Aluminium – und vor allem hoch genug, damit beim Kochen nichts über den Rand spritzt. Gerührt wird mit dem klassischen «Bastone», einem langen, flachen Holzspatel.

Vollwertkost mit Mais

Passende Begleiter zu Polenta sind kalte Milch, kühle süße Sahne/kühler Rahm und Käse – oder Bohnen als Hülsenfrüchte, wie sie nicht nur von den Indios, sondern auch von den Älplern (Almhirten) seit dem 18. Jahrhundert zubereitet wird. Alle diese Zutaten sind aus heutiger ernährungsphysiologischer Sicht besonders wertvoll, weil sie das im Mais enthaltene Eiweiß optimal ergänzen und bereichern.

Das größte Getreide

Mais ist eine einjährige Pflanze, die zur Familie der Gräser (Gramineae, neue Bezeichnung: Poaceae), zählt. Dieser Gruppe werden alle Getreidearten wie Weizen, Roggen, Hafer und Hirse sowie Reis zugeordnet.

Die ältesten Funde waren Maiskolben von lediglich gut zwei Zentimeter Länge. Durch Selektion und züchterisches Geschick erreichten die Mayas bereits fünfmal längere Maiskolben und damit einen wesentlich höheren Ertrag. Die Kolben heutiger Zuckermais-Sorten sind 16 bis 30 Zentimeter lang.

MAIS IST GESUND

Mais ist im Laufe der Zeit völlig zu Unrecht in Verruf geraten und in Zusammenhang mit «Pellegra» zum Sündenbock gestempelt worden: Diese auf Vitaminmangel beruhende Krankheit führt zu allgemeinem Kräftezerfall und endet meistens tödlich. Sie trat unter europäischen Einwanderern in den USA auf sowie bei Völkern in Südafrika und Indien, wo sich die Menschen ausschließlich von Mais ernährten.

In den Zwanziger- und Dreißigerjahren erkrankten unzählige Bewohner der amerikanischen Südstaaten auf Grund der monotonen Maisernährung. Denn Mais enthält zwar Niacin (Vitamin B_3), allerdings in einer Form, die der menschliche Körper nicht ohne weiteres aufnehmen kann.

Die richtige Kombination

In Mexiko, wo sich Millionen von Menschen von Mais ernähren, ist die Krankheit hingegen unbekannt: Von ihren Urahnen (den Indios) überliefert, haben sie das goldene Korn stets mit Bohnen, Kürbis und einer Prise Holzasche zubereitet. Letztere macht die harte Haut der Maiskörner weich und zart.

Das in der Asche enthaltene Alkali löst das Niacin sowie Lysin aus den Maiskörnern und macht sie für den Körper aufnahmebereit. Lysin zählt zu den lebenswichtigen Aminosäuren (kleinste Eiweißbausteine).

Ein hochwertiges Getreide

Die heilige Pflanze der Indianer verdient Respekt, denn sie ist eine geballte Ladung gesunder Kost. Erwähnenswert sind in erster Linie die Kohlenhydrate in Form von Stärke und Traubenzucker, Zellulose als Faserstoffe, hochwertiges Eiweiß und mehrfach ungesättigte Fettsäuren im Maiskeimling. Frische Maiskörner enthalten zudem das Provitamin A, Vitamine der B-Komplexe sowie Vitamin C.

Bei den Mineralstoffen und Spurenelementen dominieren Kalzium, Kalium, Phosphor und Magnesium, Eisen und Kieselsäure (Silizium). Beachtlich ist auch der Gehalt an Fluor: Eine Studie in 47 Ländern ergab, dass Zahnkaries in Gegenden mit regelmäßigem Maiskonsum bedeutend seltener vorkommt als in anderen, wo hauptsächlich Weizen und Reis gegessen werden.

Unentbehrlich für Diäten

In der Diätetik haben Maiskorn, -schrot und -vollmehl eine ganz besondere Bedeutung, denn im Gegensatz zu den meisten anderen Getreidearten enthält Mais kein Klebereiweiß, das sogenannte Gluten. Denn immer mehr Menschen leiden an Zöliakie, einer ernsthaften Verdauungsstörung. Ursache ist eine Allergie gegen das im Getreide vorhandene Klebereiweiß. Betroffenen Menschen fehlt ein Enzym, das für die Aufspaltung des Glutens unerlässlich ist.

Dank seiner guten Verdaulichkeit und seinem hohen Nährstoffgehalt ist Mais vor allem auch für Genesende, Säuglinge, Kinder und Senioren eine wertvolle Kost. Seine Inhaltsstoffe haben eine heilsame, stimulierende und tonisierende Wirkung auf sämtliche Verdauungs- und Ausscheidungsorgane, insbesondere auf Leber und Nieren.

Das steckt im goldenen Korn

100 g frischer Zuckermais enthalten rund 3 g Eiweiß und 16 g Kohlenhydrate.
Mehrere Zuckerarten, darunter reichlich Saccharose, geben ihm den angenehm
süßen Geschmack und den verhältnismäßig hohen Sättigungsgrad.
Kalium (300 mg), Magnesium (48 mg), Phosphor (114 mg) sowie die Vitamine B,
B_2 und C machen frischen Zuckermais zu einem rundum gesunden Gemüse.
Nährwert: 80 bis 100 Kalorien (kcal) bzw. 300 bis 450 Joule (kJ)
pro 100 g Maiskörner.

Die einzelnen Werte sind abhängig von der Maissorte, den klimatischen
Bedingungen, der Frische und der Art der Zubereitung.

DIE MAISPRODUKTION

Maiskolben im Vormarsch

In deutschsprachigen Ländern hat es das Maisgericht noch heute schwer, obwohl ihn die Lebensmittelindustrie pfannenfertig und mit einer Zubereitungszeit von lediglich zwei Minuten offeriert. Ganz anders ist das mit frischen Maiskolben, die in der Schweiz zum stolzen Preis von vier Franken (etwa fünf Mark) pro Kilo im Angebot sind. Sogar auf Rummelplätzen hat der Maiskolbenstand Einzug gehalten und kassiert für die Delikatesse mehr als den Kilopreis für ein einziges Stück!

Was so kostbar ist, findet Anklang: Zur Grillzeit haben Maiskolben – mindestens bei Kindern – die allgegenwärtigen Bratwürste verdrängt. Genüsslich knabbern sie den mit Zahnstochern bestückten, gesunden Zuckermais.

Cornflakes für Eilige

Spitze im Maiskonsum mit rund 110 Pfund pro Kopf und Jahr sind nach wie vor die Amerikaner (in der Schweiz sind es gerade mal 1 Pfund!). Ihr Tag beginnt meist mit Cornflakes, die sie – sogar zusammen mit Eiscreme – im Rekordtempo mit dem Esslöffel verschlingen.

Für langsame Genießer sind die knusprigen Maisflocken meist tabu, denn mit Milch übergossen, verkommen sie in kürzester Zeit zu einem gummigen Brei. Cornflakes werden übrigens aus gebrochenem und gequetschtem Mais hergestellt, der bei 70 °C getrocknet und mit Malzsirup gekocht wird.

Sogar Pizza bestreut man in den USA, dem Land der unbegrenzten Möglichkeiten, mit Mais, und zwar in Form von Popcorn. Bei uns bestreuen die Jugendlichen damit gedankenlos die Kinosessel ...

Öl aus dem Maiskeimling

Die im Korn eingeschlossenen Keimlinge enthalten reichlich Fett, das zur Gewinnung von Maiskeimöl verwendet wird. Bereits die Indianer stellten Maisöl her und setzten es für Heilzwecke ein, zum Beispiel gegen gefährliche Ödeme (Gewebewassersucht), Gerstenkörner oder Talgdrüsen-Hautekzeme. Die Indios kurierten mit Maisöl aber auch Fieber, Migräne, Asthma und Heuschnupfen.

Das milde, geschmacksneutrale Öl wird hauptsächlich durch Erhitzen gewonnen. In der Vollwertküche ist Maiskeimöl deshalb in erster Linie zum Braten und Fritieren bestimmt; für Salat und Saucen setzt man hingegen auf kaltgepresste Öle, allen voran auf hochwertiges Olivenöl.

Die Stärke der Maiskörner

Sozusagen als «Abfallprodukt» bleibt bei der Ölgewinnung die Maisstärke zurück. Sie ist unter den Begriffen «Maizena» oder «Mondamin» seit Grossmutters Zeiten unentbehrlich, um Flüssigkeiten zu binden. Die Maisstärke sorgt dafür, dass sich Käse und Weißwein im Fondue zum sämigen Genuss vereinen, die Bratensauce auch ohne Sahne/Rahm dickflüssig wird und sich Beeren und Saft zu einer stichfesten Grütze zubereiten lassen.

Damit Maisstärke keine Klumpen bildet, sollte sie stets in kaltem Wasser aufgelöst und erst dann in die heiße Flüssigkeit eingerührt werden. Die puderfeine Maisstärke ist übrigens die feinste und am leichtesten verdauliche Stärke, die sogar dem empfindlichsten Magen zugemutet werden kann.

Industrieller Rohstoff

In der Lebensmittelindustrie ist nicht alles Gold, was aus dem göttlichen Kolben glänzt. Nichts einzuwenden ist im Prinzip gegen den aus Maiskörnern extrahierten Traubenzucker, der als «Dextropur» und unter anderen Namen vermarktet wird.

Schwerwiegende Auswirkungen für die Arbeiter auf Zuckerrohrplantagen, etwa auf den Philippinen, hat hingegen die Fabrikation von Glucosesirup aus Mais. Er ist wesentlich billiger als Zucker und kommt somit im großen Stil in der amerikanischen Getränkeindustrie, hauptsächlich für die allgegenwärtige «Cola»-Produktion, zum Einsatz. Die Zuckerimporte in den USA sind deshalb drastisch zurückgegangen, und die Plantagenarbeiter haben ihr Einkommen verloren.

Mais wird aber nicht nur als Lebensmittel genutzt, sondern dient auch als wichtiger und vielseitiger Rohstoff, etwa für die Herstellung von Textilien, Papier, Kleb- und Zündstoffen bis hin zu Explosivstoffen. Aber auch als natürliches Verpackungsmaterial, ähnlich wie Cellophan, findet Mais als Ausgangsprodukt mehr und mehr Verwendung.

GEN-MAIS HAT NUR NACHTEILE

Manipulation bereichert das Geschäft

Diese vielseitige Nutzung der Maispflanze dürfte denn auch der Hauptgrund für die Chemiemultis sein, die heilige Pflanze der Indianer, die Jahrtausende überdauert hat, gentechnisch zu verändern. Seit dem 6. Januar 1998 ist Gen-Mais der Firma Novartis in der Schweiz zugelassen. Es handelt sich dabei ausschließlich um Futtermais für die Tiermast.

Auch ohne Genmanipulation wirft Futtermais hierzulande seine Schatten: Der Anbau beansprucht rund einen Fünftel der Ackerfläche, das Korn stammt aus hochgezüchteten Hybridsorten und der Mais wird lediglich als Viehfutter verwendet.

Dass Mais ein Starkzehrer ist und in Monokulturen die Erde auslaugt, der Boden und das Grundwasser durch chemische Dünger, Unkrautvernichter (Herbizide) und Pflanzenschutzmittel belastet werden, ist ein hoher Preis, den wir für einen saftigen Rinderbraten zahlen. Schädlinge sind allerdings bedeutend flexibler als Mutter Erde, die sich chemiegetränkt kaum regenerieren kann: Insekten und Krankheitsbakterien werden gegen chemische Keulen immer schneller resistent.

Eingriff in die Schöpfung

Abhilfe gegen die «bösen Biester» schafft die Gentechnologie: In den Futtermais (aber nicht den Zuckermais!) wird ein Gen eingeschleust, damit die Pflanzenzellen ein Gift pro-

27

duzieren, das unter anderem tödlich auf den Maiszünsler wirkt. In Gebieten mit riesigen Monokulturen kann sich der Maiszünsler epidemisch ausbreiten und große Ernteverluste verursachen.

Gegner der Gentechnologie sind überzeugt, dass Schädlinge, die problemlos gegen chemische Substanzen immun werden, mit der Zeit auch Abwehrkräfte gegen das eingeschleuste Gen-Gift entwickeln. Allen Beteuerungen der Großkonzerne zum Trotz: Keiner bietet Gewähr, dass die implantierten Giftstoffe nicht auch nützliche Insekten wie Bienen, Marienkäfer und Florfliegen schädigen.

Oder auch Schlupfwespen, die natürlichen Feinde des Maiszünslers: Sie legen ihre Eier in den Schädling, aus denen Larven schlüpfen, die ihren Gastgeber verspeisen.

Vorbeugend gegen den Maiszünsler hilft Honiggras. Dieses afrikanische Wildkraut, zwischen Mais gepflanzt, vertreibt mit seinem starken Duft den Maiszünsler sowie andere Schädlinge. Bei Versuchspflanzungen in Kenia blieb der Ernteverlust jedenfalls deutlich unter fünf Prozent.

Fünf Maisarten dominieren

Mit genmanipuliertem Mais droht uns aber auch ein weltumspannender Einheitsbrei: Heutzutage werden in erster Linie gerade mal fünf verschiedene Maissorten kultiviert:

- Puff- und Hartmais für Popcorn
- Zahnmais, der als Tierfutter angebaut wird
- Weich-, auch Stärkemais genannt, den vorwiegend die Indios als Grundnahrungsmittel pflanzen
- Zuckermais, der als frischer Kolben besonders köstlich schmeckt
- Wachsmais

Die Indianer pflegten hingegen an die 300 verschiedene Varietäten mit allen möglichen Kornfarben von Weiss, Sonnengelb über Grau, Braun, Orange, Rot und Purpur bis zu Blau, Lila und Schwarz.

DER MAIS IST EIN SONNENKIND

Je nach Sorte stellt die Maispflanze unterschiedliche Ansprüche an ihren Standort; feucht, warm und sonnig sollte er in jedem Fall sein. Es gibt kleinwüchsigen Mais, der kaum einen Meter Höhe erreicht, und Riesen wie den Zahnmais, der unter günstigen Bedingungen spielend fünf Meter hoch wachsen kann. Den höchsten Ertrag pro Pflanze erntet man nicht in Europa, sondern in Amerika, seiner alten Heimat.

Die Maispflanze ist ein typisches Sonnenkind. Im Unterschied zu den meisten anderen Getreidearten ist sie frostempfindlich. Mais keimt und gedeiht erst optimal, wenn sich der Boden auf mindestens 10 °C erwärmt hat. Diese Temperatur wird in unseren Breitengraden meistens nicht vor Anfang bis Mitte Mai erreicht.

Erfolgreiche Weinanbaugebiete sind deshalb bevorzugter Standort für Mais. Allerdings gibt es Sorten mit einer kurzen Vegetationszeit, die ein kühleres Klima durchaus tolerieren. Anders ist es nicht zu erklären, dass sogar in Schweden Maiskulturen anzutreffen sind.

Männlein und Weiblein sitzen zusammen

Botanisch gesehen gehört der Mais zu den einjährigen Pflanzen aus der großen Familie der Gräser, zu denen auch das Getreide zählt. Der Mais ist «einhäusig», d.h. männliche und weibliche Blüten gedeihen zwar getrennt, aber auf ein und derselben Pflanze.

Die männlichen Blüten thronen am Stielende und produzieren große Mengen von Blütenstaub, etwa vier Millionen Pollenkörner pro Rispe! Der Wind verteilt sie auf die Narben der weiblichen Blüten, die sich im unteren Pflanzenteil an den Stängel schmiegen.

Aus dem weiblichen Fadengebilde, das man auch Maisseide oder Quaste nennt und für Maishaartee verwenden kann, sprießt nach der Befruchtung der seitenständige Kolben. Er ist mit Scheideblättern, den sogenannten «Lieschen», umhüllt. Sie dienen zum Teil in der Zigarettenherstellung als «Maisblatt» für die Umhüllung des Tabaks. Im Tessin entstehen aus den Maiskolbenblättern zauberhafte Püppchen und Weihnachtsengel.

Bei den normal süßen Zuckermaisarten gibt es alte Sorten wie «Golden Beauty», «Golden Bantam» und «Merit», die jedoch je länger je mehr von den extra süßen (super sweet) verdrängt werden. Letztere besitzen eine Erbanlage, welche die Umwandlung des Zuckers in Stärke deutlich verlangsamt. Frisch vom Kolben geknabbert, enthalten sie eine geballte Ladung gesunder und leicht verdaulicher Nährstoffe.

Extra süße Sorten, die sich vor allem auch für den Anbau im eigenen Garten eignen, sind zum Beispiel «Extra Sweet» (Xtra Sweet), «Tasty Sweet», «Starlite» und «Selma-Sweet». Bei den zwei letztgenannten sind die gelben Maiskörner mit weißen durchsetzt; sie erfreuen sich großer Beliebtheit.

Der Vollständigkeit halber sei erwähnt, dass es neuerdings auch sogenannte «Sweet-Gene-Hybriden» gibt. Auf den Kolben dieser Zuchtmais-Arten sitzen normal süße und extra süße Körner zusammen. Die beiden Aromen ergänzen sich trefflich, die Maiskolben sind zudem auch länger haltbar. Außerdem haben diese Zuckermais-Sorten der neuen Generation den Vorteil, dass sie weit weniger empfindlich auf die Bestäubung durch Pollen des Futtermaises reagieren.

Damit der Wind bei der Bestäubung kein heilloses Durcheinander anrichtet, muss Zuckermais in der Regel gut 200 bis 300 Meter von landwirtschaftlich genutztem Futtermais entfernt angebaut werden!

Nahrung für das stattliche Gewächs

Ein ideales Maisklima in Europa haben die Ungaren und Italiener zu bieten. Dort dominiert auch ein tiefgründiger, nährstoffreicher Boden ohne stauende Nässe. Andernfalls wird meistens mit Kunstdünger kräftig nachgeholfen, denn die Maispflanze ist ein Bodenräuber; ihr Nährstoffbedarf ist enorm.

Die ältere Bauerngeneration orientierte sich deshalb bei der Planung der Fruchtfolge (Abwechslung der Kulturen) am Maisanbau: Nur alle sieben Jahre sollte der Starkzehrer auf dem gleichen Acker stehen, um eine einseitige Auslaugung des Bodens zu vermeiden! In der heutigen schnelllebigen Zeit, wo jeder auf seinen materiellen Vorteil schaut, haben die überlieferten Erfahrungen bedauerlicherweise weitgehend ausgedient.

DIE MAISARTEN

Viehfutter und Popcorn

Weltweit am meisten verbreitet ist der Futtermais. In der Schweiz wird er mehrheitlich zu Siloffutter. Dazu hackt man die ganze Pflanze bei der Ernte maschinell in kleine Stücke und füllt sie zur Gärung in Silos. Damit ist das Grünfutter über längere Zeit haltbar; durch die natürliche Milchsäuregärung erhält silierter Mais einen bedeutend höheren Nährwert und dient als Kraftfutter für Masttiere und Milchkühe.

Puff- oder Popmais gedeiht hauptsächlich in den USA, zum Teil auch im südlichen Europa. Die kleinen Körner, die die Verwandtschaft der Maispflanze mit dem Getreide deutlich zeigen, platzen unter Hitzeeinwirkung auf das 40fache ihres Volumens zu den berühmten Popcorns auf.

Königlicher Zuckermais

Der köstlichste unter den verschiedenen Sorten ist der Zuckermais, eine seit rund 150 Jahren bekannte Mutante der Maispflanze. Im Gegensatz zum Futtermais verwandeln sich die enthaltenen Zuckerarten nur langsam zu Stärke. Die ausgewachsenen gelben Körner werden im weichen, milchreifen Zustand verzehrt. Sie schmecken frisch vom Kolben geknabbert, gegrillt oder gekocht.

Zuckermais ist in Amerika das beliebteste Gemüse und beansprucht respektable 18 Prozent der gesamten Gemüseanbaufläche. Kultiviert wird er in Monokultur in überdimenisionierten Plantagen, bis ins letzte Detail perfekt rationalisiert. Deshalb hat man die alten Landsorten weitgehend durch Hochzuchten, sogenannte Hybriden, ersetzt.

Glücklicherweise gibt es Idealisten, die sich für die Sortenvielfalt einsetzen und mit großem Engagement alte Maisvarietäten kultivieren und verbreiten (siehe Anhang).

Mais frisch vom Eis

Einmal gepflückt, sollte Zuckermais so schnell wie möglich genossen werden. Denn während der Lagerung verwandelt sich der enthaltene Zucker relativ schnell in Stärke; dann schmecken die Körner nicht mehr so angenehm süß.

Für den Vorrat kann man Zuckermais hingegen problemlos tiefkühlen: Ganze Kolben werden während fünf Minuten in kochendem Wasser blanchiert, die Körner während zwei Minuten. Wichtig: Dem Kochwasser für Mais kein Salz beifügen, sonst werden die Körner hart!

Blanchierten Mais erkalten lassen, anschließend in Tiefkühlbeutel oder -behälter verpacken und beschriften. Die Lagerzeit im Tiefkühlgerät beträgt etwa acht Monate.

Rezept für Popcorn

Für Popcorn erhitzt man in einem mittelhohen Topf mit Deckel wenig Olivenöl. Körner bodenbedeckend, aber nur einlagig, einstreuen und den Topf zudecken. Unter der Hitzeeinwirkung platzt die harte Schale der Maiskörner explosionsartig auf; heraus quillt das innere, eischneeweiße Nährgewebe und vergrößert sich dabei bis auf das 40fache. Pfanne mehrmals rütteln, bis der letzte «Knall» verstummt ist. Popcorn möglichst frisch genießen, denn unter Einfluss von Luftfeuchtigkeit wird es schwammig.

Die kleinen, ovalen Körner von Puff- oder Popmais gibt es in Reform- und Bio-Läden, mancherorts auch im Supermarkt.

MAISANBAU IM GARTEN

Mit ihren mannshohen Stängeln und den schmalen, eleganten, gut einen Meter langen Blättern präsentiert Zuckermais im Garten ebenso attraktiv wie Bambus. Er dient denn auch als Sicht- und Windschutz, genauso wie als Klettergerüst für Stangen- und Feuerbohnen. Vielleicht können Sie sich sogar für eine Mais-Insel im Zierrasen begeistern?

Das ausgesprochen wärmeliebende Getreide benötigt für die Keimung eine Bodentemperatur von mindestens 10 °C, besser sind 13 °C. Um die Keimung zu beschleunigen, lohnt es sich, die Maiskörner während ein paar Stunden oder über Nacht in Wasser quellen zu lassen.

Direktsaat nach den Eisheiligen

Zuckermais sät man ab Mitte Mai und bis Ende Juni direkt an Ort und Stelle. Dazu alle fünf bis zehn Zentimeter ein Korn in nährstoffreiche Erde legen, zwei Zentimeter hoch zudecken; Reihenabstand 50 bis 70 Zentimeter. Mit fortschreitendem Wachstum werden die Pflanzen innerhalb einer Reihe auf etwa 20 Zentimeter vereinzelt.

Mais wird vom Wind bestäubt; die männlichen Blüten sitzen als Rispe an der Spitze des Stängels, die weiblichen in den Blattachseln des Halms. Damit die Bestäubung gewährleistet ist, sollte Mais mindestens in drei Reihen versetzt – noch besser als Quadrat oder Insel angeordnet – angebaut werden. Andernfalls empfiehlt es sich, die Pflanzen täglich sanft zu schütteln, sobald die Staubblätter vorhanden sind.

Die Vorkultur lohnt sich

Mit rund vier Monaten dauert die Kulturzeit relativ lang. Und weil in deutschsprachigen Breitengraden im Juni meist mit nasskaltem Wetter zu rechnen ist, was beim Mais die Umfallkrankheit begünstigt, zahlt sich die Vorkultur im Haus aus. Dazu steckt man zwei bis drei Maiskörner etwa einen Zentimeter tief in Töpfchen mit Erde und bringt sie bei Zimmertemperatur zum Keimen.

Viel Licht, regelmäßige Feuchtigkeit – aber keine Staunässe – sowie ein luftiger Standort sind für die Aufzucht ideal. Bevor der Mais nach den letzten Nachtfrösten im Mai möglichst tief ausgepflanzt wird, müssen die Setzlinge an milden Tagen zur Abhärtung ins Freie gestellt werden.

Die stattlichen Maispflanzen benötigen reichlich Nahrung. Vor dem Säen oder Pflanzen deshalb großzügig reifen Kompost oder organischen Dünger ausbringen. Nachschub in Form von Gemüsedünger wird ein zweites Mal kurz vor der Maisblüte auf die Erde gestreut und oberflächlich eingehackt.

Empfehlenswert ist eine Bodenabdeckung aus angetrocknetem Rasenschnitt, Stroh oder Schilf: Diese Mulchschicht schützt den Boden vor Witterungseinflüssen, unterdrückt den Wildwuchs von Beikräutern und hält die Pflanzenwurzeln feucht.

Denn bei Trockenheit ist Gießen angezeigt, hauptsächlich während der Blüte, sonst entwickeln sich auf den Kolben nur wenige Körner. Sogenannt schlecht besetzte Kolben bilden sich allerdings auch bei unzureichender Bestäubung.

Reifetest für Zuckermais

Erntereif ist Zuckermais ab etwa Mitte August, wenn sich die Seidenfäden braun verfärben und nur noch an der Austrittsstelle der Lieschen (Hüllblätter des Kolbens) grün sind. Zur Kontrolle schlitzt man mit einem Fingernagel die Lieschen auf und prüft, ob die Körner voll ausgebildet sind. Etwa zwei Zentimeter an der Kolbenspitze dürfen die Körner noch unterentwickelt sein.

Ritzt man mit dem Fingernagel ein Maiskorn an, so tritt milchig weißer Saft aus. Diese Milchreife ist das ideale Pflückstadium, und die Kolben können sogar direkt von der Pflanze frisch geknabbert werden.

Samen aus eigener Kultur

Alte Mais-Sorten (keine F1-Hybriden!) lassen sich leicht selbst vermehren. Man lässt die Kolben bis zu einem Monat nach der Erntereife an der Pflanze. Gut ausgereifter Mais übersteht die ersten Herbstfröste ohne Schaden.

Nach der Ernte werden die Kolben geschält und an den Hüllblättern zum Trocknen aufgehängt. Im Winter reibt man die Körner vom Kolben und bewahrt die voll ausgebildeten als Saatgut an einem kühlen, trockenen Ort auf. Die meisten Mais-Sorten sind nur während ein bis zwei Jahren keimfähig; die jährliche Samenernte ist deshalb empfehlenswert.

MAISKOLBEN KOCHEN

Gekocht werden Maiskolben im Dampf während 10 bis 15 Minuten, je nach Größe. Sobald sich die Körner leicht vom Kolben ablösen lassen, ist der Mais gar. Gewürzt und gesalzen wird immer erst vor dem Verzehr, andernfalls werden die Körnerschalen hart.

Zum Grillen bepinselt man frischen oder tiefgekühlten Zuckermais mit Olivenöl oder streicht etwas Butter auf den Kolben und wickelt ihn in Alufolie. Bei mittlerer Glut 25 bis 30 Minuten garen.

Sonniges Korn und Saturns Kraft

Scott Cunigham schreibt in seinem Buch über die Magie der Nahrungsmittel, dass der Mais dem Planet Sonne und dem Element Feuer zugeordnet wird. Mais diene dem Schutz der Spiritualität und verheiße Glück: Dazu lege oder hänge man blauen Mais an heiligen Orten oder im Haus auf, damit er das Glück anzieht. …

Die Anthroposophen ordnen den Mais hingegen dem Planeten Saturn und dem Metall Blei zu: Die Kolben würden sich mit ihren Hüllblättern von der Außenwelt genauso abschotten wie Blei, das zum Schutz vor gefährlichen Materialien verwendet wird.

Mais wirke auf den Menschen erdend und mache ihn eher schwerfällig, deshalb sei er dem melancholischen Temperament zuzuschreiben. Symbolisch veranschaulicht diese Aussage der ernste und nachdenkliche Gesichtsausdruck der Indianer …

EINE BUNTE PALETTE VON MAIS-PRODUKTEN

Cornflakes und Sugar Puffs gibt es in riesiger Auswahl: Achten Sie auf den zum Teil beachtlichen Zuckergehalt!

Maisbrot ist leicht süßlich und manchmal mit Rosinen durchsetzt. Passt perfekt zur Käseplatte.

Maisflocken haben einen leicht nussartigen Eigengeschmack. Sie werden mit anderen Flocken gemischt, mit Früchten und Nüssen zusammen mit Jogurt, Quark oder Milch als Birchermüesli-Variante aufgetischt.

Maisgrieß für Brei (Polenta) gibt es in verschiedenen Mahlstufen von sehr fein bis grob, und zwar in sonnengelben bis fast weißen Sorten.

Maishaartee wird aus den Maishaaren, auch Narbenfäden genannt, hergestellt. Die Maishaare enthalten unter anderem gebundenes Öl, Maizeninsäure, Chlorophyll, zucker-haltigen Gummi, Albuminoide, Phlobaphinsalz, Zellulose und Wasser. Zubereitung Variante 1: 1 bis 2 Esslöffel Maishaartee mit einem Liter kochendem Wasser übergießen. 10 Minuten ziehen lassen. Abseihen. Wirkt erfrischend, leitet Hitze aus, entspannt und harmonisiert. Zu meiden bei Kältezuständen. Für Kinder ungeeignet. Zubereitung Variante 2: 1 bis 2 Esslöffel Maishaartee zusammen mit 1 Liter Wasser aufkochen, 20 bis 30 Minuten auf kleinem Feuer köcheln lassen. Neutrale Wirkung, leitet Hitze der Gallenblase aus, entspannt, harmonisiert.

Maiskörner werden frisch vom gekochten Kolben gepellt oder in Dosen, im Glas oder tiefgekühlt gekauft. Die Konserven enthalten teilweise zusätzlich Zucker oder Salz.

Maiskeimöl eignet sich vor allem zum Braten und Fritieren.

Maismehl ist in Bioläden, mexikanischen Spezialgeschäften und in Warenhäusern mit großem Lebensmittelsortiment erhältlich. Da Mais das Klebereiweiß (Gluten) fehlt, ist reines Maismehl zum Brotbacken nicht geeignet; es muss mit anderen Mehlsorten gemischt werden. Aus reinem Maismehl entstehen hingegen die «Tortillas», die typisch mexikanischen Fladenbrote.

Maisstärke, auch unter den Namen «Maizena» oder «Mondamin» bekannt, eignet sich vorzüglich zum Binden und Verdicken von Flüssigkeiten.

Mais-Pickles sind in Essig eingelegte Maiskölbchen. Sie stammen von einer Maissorte, die lediglich 10 Zentimeter lange Kölbchen ausbildet, die auch roh gegessen, als Salat oder Gemüse zubereitet werden können.

Maissirup besteht zu 100 Prozent aus Mais, hat eine braune Farbe und einen angenehm süßen Geschmack. Er ist ein vollwertiges Süßmittel und kann sogar als Brotaufstrich verwendet werden. (Bezug über Bioläden).

Popcorn-Mais ist für die Eigenproduktion bestimmt; fertig zubereitetes Popcorn wird nature, gewürzt, gezuckert oder mit einem Schokoladeüberzug verkauft.

Tacos sind etwas fader im Geschmack als Tortilla-Chips. Sie sind in Form eines Halbmondes oder einer Schale im Angebot und werden mit Gemüse, Fleisch oder Pilzen für eine leichte Mahlzeit sowie als Vorspeise gefüllt.

Tortillas und Tortilla-Chips sind ernsthafte Konkurrenz zu Erdnüsschen, Kartoffelchips, Bier- und Salzstängeln zum Aperitif. Groß in Mode ist, würzige Mais-Chips in pikante Saucen zu tunken.
Bezugsquellen für Tortillas-Mehl: Mex-Al Sombrero, Feldchen 12, D-52070 Aachen, Telefon 0 241 91 85 40; Mexico Haus GmbH, Wichmannstrasse 4, D-22596 Hamburg, Telefon 040 8533 88 00; EL MAIZ mexikanische Produkte, Josefsrase 23, CH-8005 Zürich, Telefon 01/440 58 40. Bei den gleichen Adressen kann auch die Tortillas-Presse bezogen werden.

Zuckermaiskolben sind erntefrisch aus europäischem Anbau ab August bis im Oktober erhältlich. Die Delikatesse ist immer mehr fast rund ums Jahr im Angebot, importiert aus Südafrika und Südamerika. Neuerdings sind schonend pasteurisierte sowie tiefgekühlte Maiskolben im Handel.

REZEPTE

MEXIKANISCHE MAISSUPPE

- 2 EL Maiskeimöl
- 1 kleine Zwiebel
- 1 Knoblauchzehe
- 2 Tomaten
- 1 grüner Gemüsepaprika/Peperoni
- 2 Maiskolben oder 250 g Maiskörner aus dem Glas
- 800 ml/8 dl Gemüsebrühe
- 100 g Crème fraîche
- 1/2 Bund frischer Koriander oder frische Petersilie

1. Die Zwiebel fein hacken. Die Tomaten an der Spitze kreuzweise einschneiden, in einem Schaumlöffel in kochendes Wasser tauchen, bis sich die Haut zu lösen beginnt. Die Früchte schälen, den Stielansatz entfernen, klein würfeln.

2. Den Gemüsepaprika halbieren, den Stiel und die Kerne entfernen, die Fruchthälften in feine Streifen schneiden.

3. Bei den Maiskolben zuerst die Hüllblätter und die Barthaare entfernen, dann die Körner mit einem scharfen Messer rundum dicht am Kolben abschneiden.

4. Die fein gehackten Zwiebeln im Öl kurz dünsten, den Knoblauch dazupressen, den Gemüsepaprika dazugeben, alles gut dünsten. Die Tomaten und die Maiskörner beigeben. Mit der Gemüsebrühe aufgießen, die Suppe auf kleinem Feuer 20 Minuten köcheln lassen. Die Crème fraîche und den fein gehackten Koriander unterrühren. Mit Kräutersalz abschmecken.

Tipp: Wer die Suppe etwas sämiger will, kocht 1 bis 2 Esslöffel feinen Maisgrieß mit.

Abbildung
oben: Schnelle Mais-Lauch-Suppe
mit Curry
unten: Mexikanische Maissuppe

SCHNELLE MAIS-LAUCH-SUPPE MIT CURRY

- 1 EL Olivenöl extra nativ
- 150 g Lauch
- 1 TL mittelscharfes Currypulver
- 100 g feiner Maisgrieß
- 1,2 l Gemüsebrühe
- Kräutermeersalz
- Pfeffer aus der Mühle
- 50 g/0,5 dl süße Sahne/Rahm
- fein gehackte Petersilie

1. Den Lauch putzen und in feine Scheiben schneiden.

2. Den Lauch im Olivenöl andünsten. Mit Curry bestäuben. Den Maisgrieß dazugeben. Mit der Gemüsebrühe angießen, aufkochen und auf kleinem Feuer 20 Minuten köcheln lassen. Würzen. Die süße Sahne und die Petersilie unterrühren.

INDISCHE MAISSUPPE

- 1 EL Butterschmalz/Bratbutter
- 1 kleine Zwiebel
- 2 EL Maismehl
- 200 g Maiskörner aus dem Glas
- 1/2 l Milch
- 300 ml/3 dl Wasser
- 1 Msp geriebene Muskatnuss
- 2 EL Gemüsebrühepulver
- 4 EL süße Sahne/Rahm
- 1 EL fein gehacktes Koriandergrün

1. Die Zwiebel fein hacken, im Butterschmalz dünsten. Das Mehl darüber streuen. Die Maiskörner dazugeben. Mit der Milch und dem Wasser aufgießen. Muskatnuss und Gemüsebrühepulver dazugeben. Die Suppe 3 bis 4 Minuten köcheln lassen.

2. Die Maissuppe pürieren und durch ein Sieb streichen. Nochmals aufkochen. Abschmecken.

3. Die Maissuppe anrichten. Mit der flaumig geschlagenen süßen Sahne und dem Koriandergrün garnieren.

Abbildung Seite 41

MAIS-CHILI-SUPPE

- 1 EL Olivenöl extra nativ
- 1 mittelgroße Zwiebel
- 1 Knoblauchzehe
- 2 EL Dinkelweißmehl
- 150 g Maiskörner aus dem Glas
- 2–3 grüne Pfefferschoten/Peperoncini, je nach gewünschter Schärfe
- 3 mittelgroße Tomaten
- 700 ml/7 dl Gemüsebrühe

- 100 g/1 dl süße Sahne/Rahm
- 50 g geriebener Parmesan

1. Die Zwiebel fein hacken. Die Pfefferschoten längs halbieren, den Stiel entfernen, in feine Streifchen schneiden. Die Tomaten an der Spitze kreuzweise einschneiden, in einem Schaumlöffel in kochendes Wasser tauchen, bis sich die Haut zu lösen beginnt. Die Früchte schälen, den Stielansatz entfernen, würfeln.

2. Die Zwiebeln im Öl dünsten. Den Knoblauch dazupressen. Das Dinkelmehl darüber streuen. Maiskörner, Pfefferschoten und Tomaten dazugeben, 2 bis 3 Minuten dünsten. Mit der Gemüsebrühe aufgießen. Auf kleinem Feuer köcheln lassen, bis die Maiskörner und die Pfefferschoten gar sind.

3. Die süße Sahne steif schlagen. Die Suppe anrichten. Mit einem Klecks süßer Sahne garnieren. Den geriebenen Parmesan separat servieren.

MAIS-SPINAT-SUPPE

- 1 l Gemüsebrühe
- 50 g Maisgrieß
- 150 g Spinat
- 2 Knoblauchzehen
- ca. 250 ml/2,5 dl Milch
- Kräutermeersalz
- Pfeffer aus der Mühle
- 2 Msp geriebene Muskatnuss
- 1 Hand voll Maiskörner aus dem Glas
- 100 g Greyerzer Käse

1. Die Gemüsebrühe aufkochen, den Mais unter Rühren einrieseln lassen, 10 bis 15 Minuten auf kleinem Feuer köcheln lassen.

2. Den Spinat fein hacken, zusammen mit dem durchgepressten Knoblauch zur Suppe geben. So viel Milch angießen, bis die Suppe die gewünschte Konsistenz hat. Die Suppe 5 Minuten köcheln lassen. Würzen. Die Maiskörner beigeben.

3. Die Suppe anrichten. Den geriebenen Käse separat dazu servieren.

MAIS-AVOCADO-SALAT MIT RUCOLA

- 2–3 Maiskolben oder 300 g Mais-körner aus dem Glas
- 2 kleine Avocados, ca. 300 g
- $1/2$ Zitrone, Saft
- 50 g schwarze Oliven
- 2 Bund Rucola/Rauke, Blätter gezupft

Sauce
- 2 EL milder Apfelessig
- Pfeffer aus der Mühle
- Kräutermeersalz
- 4 EL Olivenöl extra nativ
- 1 durchgepresste Knoblauchzehe

1. Bei den Maiskolben zuerst die Hüllblätter und die Bartfäden entfernen. Dann die Körner mit einem scharfen Messer rundum dicht am Kolben abschneiden. Die Mais-körner im Dampf kurz garen.

2. Die Avocados schälen und halbieren, den Stein entfernen. Die Fruchthälften wür-feln, sofort mit Zitronensaft beträufeln, damit sich das Fleisch nicht braun verfärbt.

3. Maiskörner, Avocadowürfel, Oliven und Rucola mit der Sauce mischen.

Abbildung
hinten: Sardischer Maissalat mit Feta
vorn: Mais-Avocado-Salat mit Rucola

SARDISCHER MAISSALAT MIT FETA

- 2 Maiskolben oder 200 g Maiskörner aus dem Glas
- je $1/2$ roter und grüner Gemüsepaprika/ Peperoni
- $1/2$ Salatgurke
- 100 g Feta
- 1 Zwiebel
- 1 EL fein gehackte Petersilie
- einige Basilikumblätter

Sauce
- 3 EL Apfelessig
- Pfeffer aus der Mühle
- Kräutermeersalz
- 3 EL Olivenöl extra nativ
- 1 durchgepresste Knoblauchzehe

1. Bei den Maiskolben zuerst die Hüllblätter und die Bartfäden entfernen. Dann die Körner mit einem scharfen Messer rundum dicht am Kolben abschneiden. Die Mais-körner im Dampf kurz garen.

2. Bei den Paprikahälften den Stielansatz und die Kerne entfernen, in kleine Quadrate schneiden. Die Salatgurke und den Feta würfeln. Die Zwiebel in feine Scheiben schneiden. Das Basilikum in feine Streifen schneiden.

3. Sämtliche Zutaten mit der Sauce mischen.

MAIS-BOHNEN-
KARTOFFEL-SALAT

- 3 mittelgroße Kartoffeln, ca. 300 g
- 200 g dicke grüne Bohnen
- 2 Maiskolben oder 250 g Maiskörner aus dem Glas
- 1 säuerlicher Apfel
- 1 rote Zwiebel, ca. 50 g

Sauce
- 3 EL Apfelessig
- 1 EL Kräutermayonnaise
- 1 Prise Vollrohrzucker
- Kräutermeersalz
- schwarzer Pfeffer aus der Mühle
- 4 EL kaltgepresstes Sonnenblumen- oder Distelöl
- 1/2 Bund Schnittlauch

1. Die Kartoffeln im Dampf garen, auskühlen lassen, schälen und würfeln.

2. Die Bohnen putzen und im Dampf knackig garen. Unter kaltem Wasser abschrecken. Die Bohnen in 3 cm lange Stücke schneiden.

3. Bei den Maiskolben zuerst die Hüllblätter und die Barthaare entfernen. Dann die Körner mit einem scharfen Messer rundum dicht am Kolben abschneiden. Kurz im Dampf garen.

4. Den Apfel samt Schale vierteln, entkernen und quer in feine Scheiben schneiden. Die Zwiebel fein hacken.

5. Die Sauce zubereiten, den fein geschnittenen Schnittlauch dazugeben.

6. Sämtliche Zutaten sorgfältig mit der Sauce mischen. 15 Minuten ziehen lassen.

Tipp: Zusammen mit einem Nussbrot als kleine Mahlzeit servieren.

MAIS-GURKEN-SALAT MIT PFEFFERMINZE

- 1 Maiskolben oder 150 g Maiskörner aus dem Glas
- 1/2 Kopfsalat
- 1 kleiner Radicchio/Cicorino rosso
- 1 Salatgurke
- 1 kleine Zwiebel
- 2 EL gehackte, geschälte Mandeln
- wenig frische Pfefferminze

Sauce
- 2 EL Reis- oder Apfelessig
- 1 TL Akazienhonig
- Meersalz
- Pfeffer aus der Mühle
- 3 EL Olivenöl extra nativ

1. Beim Maiskolben zuerst die Hüllblätter und die Bartfäden entfernen. Dann die Körner mit einem scharfen Messer rundum dicht am Kolben abschneiden. Die Maiskörner im Dampf kurz garen.

2. Den Kopfsalat und den Radicchio in die einzelnen Blätter zerlegen, in mundgerechte Stücke schneiden. Die Gurke und die Zwiebel in feine Scheiben schneiden. Die gehackten Mandeln ohne Fettstoff wenig rösten. Die Pfefferminze in Streifchen schneiden.

3. Sämtliche Zutaten mit der Sauce mischen. Mit der Pfefferminze garnieren.

SPARGEL-MAIS-SALAT MIT ZIEGENKÄSE

- 700 g grüner Spargel
- 150 g Pfifferlinge/Eierschwämmchen
- 1 EL Olivenöl extra nativ
- wenig Kräutermeersalz
- 150 g Maiskörner aus dem Glas
- 100 g französischer Ziegenkäse
- 1 Hand voll Rucola/Rauke

Sauce
- 1 EL Balsamessig
- 1 EL Apfelessig
- Meersalz
- Pfeffer aus der Mühle
- 4 EL Olivenöl extra nativ

1. Das untere Drittel beim Spargel schälen und die Schnittstelle kappen. Den Spargel in 4 cm lange Stücke schneiden. Die Spargelstücke 10 Minuten im Dampf garen.

2. Die Pfifferlinge mit einem trockenen Tuch abreiben, je nach Größe klein schneiden. Im nicht zu heißen Öl kurz dünsten. Mit Kräutersalz würzen.

3. Spargel, Maiskörner und Pilze mit der Sauce mischen. Auf Tellern anrichten. Mit dem Ziegenkäse und der gezupften Rucola garnieren.

BUNTER MAISSALAT

- 2 Maiskolben oder 250 g Maiskörner aus dem Glas
- 100 g frische grüne Erbsen
- $1/2$ Salatgurke
- 4 reife Tomaten
- 1 Essiggurke
- 1 Zwiebel

Sauce
- 2 EL Zitronensaft
- 1 TL Senf
- Kräutermeersalz
- weißer Pfeffer aus der Mühle
- 4 EL Maiskeimöl
- 1 Bund Petersilie

- grüne Salatblätter

1. Bei den Maiskolben zuerst die Hüllblätter und die Barthaare entfernen. Dann die Körner mit einem scharfen Messer rundum dicht am Kolben abschneiden.

2. Die Maiskörner und die Erbsen im Dampf kurz garen, unter kaltem Wasser abschrecken.

3. Die Salatgurke längs halbieren und in dünne Scheiben schneiden.

4. Die Tomaten an der Spitze kreuzweise einschneiden. In einem Schaumlöffel in kochendes Wasser tauchen, bis sich die Haut zu lösen beginnt. Die Früchte schälen, den Stielansatz entfernen, klein würfeln.

5. Die Essiggurke und die Zwiebel fein hacken.

6. Die Sauce zubereiten, die fein gehackte Petersilie dazugeben.

7. Sämtliche Zutaten mit der Sauce mischen. Eventuell nachwürzen. Den Salat auf den Salatblättern anrichten.

MAISKÜCHLEIN

- 2 Maiskolben oder 200 g Maiskörner aus dem Glas
- 1 EL Maiskeimöl
- 1 mittelgroße Zwiebel
- 2–3 rote Gemüsepaprika/Peperoni
- 1 Bund Petersilie

- 125 g Vollkornmehl
- 1 TL Weinsteinbackpulver
- 2 Eigelb von Freilandeiern
- ca. 200 ml/2 dl Milch
- geriebene Muskatnuss
- Kräutermeersalz
- Pfeffer aus der Mühle
- 2 Eiweiß

- etwas Butterschmalz/Bratbutter

Sauce

- 1 Becher (180 g) saure Sahne/ saurer Halbrahm
- 1 EL Akazienhonig
- 1/2 TL Senfpulver oder 1 EL Senf
- 1/2 Bund Schnittlauch

1. Bei den Maiskolben zuerst die Hüllblätter und die Barthaare entfernen. Dann die Körner mit einem scharfen Messer rundum dicht am Kolben abschneiden.

2. Die Zwiebel fein hacken. Den Gemüsepaprika halbieren, den Stielansatz und die Kerne entfernen, klein würfeln. Die Petersilie fein hacken. Zwiebeln, Gemüsepaprika und Petersilie im Maiskeimöl dünsten. Aus der Pfanne nehmen und beiseite stellen.

3. Mehl, Backpulver, Eigelb und Milch zu einem glatten Teig rühren. Würzen. Die Maiskörner und das Paprika-Zwiebel-Gemisch unter den Teig rühren. Das zu Schnee geschlagene Eiweiß unterziehen.

4. In einer nicht klebenden Bratpfanne wenig Butterschmalz zerlassen. Den Teig portionsweise beigeben und kleine Küchlein braten. Sobald sich die Unterseite löst, die Küchlein wenden und fertig braten.

5. Für die Sauce sämtliche Zutaten verrühren. Den Schnittlauch fein schneiden und untermischen.

Tipp: Die Rezeptmenge reicht für 6 bis 8 Personen als Vorspeise und zusammen mit einem Salat für 4 Personen als Hauptmahlzeit.

MAISBLINIS

für 12 Stück

- 70 g feines Maismehl
- 70 g Weizen- oder Dinkelvollkornmehl
- $1/2$ TL Meersalz
- 1 TL Weinsteinbackpulver
- 200 ml/2 dl Milch
- 2 Freilandeier
- 1 EL Olivenöl extra nativ

Mais-Jogurt-Raita
- $1/2$ TL Senfkörner
- 1 EL Olivenöl extra nativ
- 50 g Maiskörner aus dem Glas
- 1 TL fein gehackter Ingwer
- 1 Knoblauchzehe
- 200 g Naturjogurt
- Kreuzkümmelpulver
- Meersalz
- Pfeffer aus der Mühle
- 1 Prise Currypulver
- 1 Prise Kurkuma/Gelbwurz
  (für die Farbe)

- Olivenöl oder Butterschmalz/Bratbutter
  zum Braten

1. Für die Blinis Mehle, Meersalz und Backpulver in einer Schüssel mischen. Milch, Eier und Olivenöl verquirlen, unter die Mehlmischung rühren.

2. Aus dem Teig im nicht zu heißen Öl Blinis backen.

3. Für die Sauce die Senfkörner im heißen Öl wenden, bis die Körner platzen. Senfkörner, Maiskörner, Ingwer und durchgepressten Knoblauch unter den Jogurt rühren. Würzen.

Variante: Die Blinis mit Räucherlachs belegen. Auch geschlagene süße Sahne mit frisch geriebenem Meerrettich oder Avocadopüree mit Tomatenwürfelchen und fein geschnittener Rucola passen zu den Blinis.

MAISFLAN MIT SCHNITTLAUCHSAUCE

für 6 Flanförmchen

Flan

- 3–4 Maiskolben oder 500 g Maiskörner aus dem Glas
- 200 g/2 dl süße Sahne/Rahm
- 4 Freilandeier
- Pfeffer aus der Mühle
- Meersalz
- Butter für die Förmchen

Schnittlauchsauce

- 1 TL Maisstärke
- 100 g/1 dl süße Sahne/Rahm
- 100 ml/1 dl Gemüsebrühe
- 1 Bund Schnittlauch
- Meersalz
- Pfeffer aus der Mühle

1. Bei den Maiskolben zuerst die Hüllblätter und die Bartfäden entfernen. Dann die Körner mit einem scharfen Messer rundum dicht am Kolben abschneiden. Die Maiskörner in der Sahne weich kochen. Das Ganze pürieren und durch ein Sieb streichen.

2. Den Backofen auf 150 Grad vorheizen.

3. Das Maispüree mit den verquirlten Eiern glatt rühren. Gut würzen. Die Maiscreme in die gebutterten Portionenförmchen füllen.

4. Die Flanförmchen in einen Bräter stellen. Bis auf $^3/_4$ Förmchenhöhe mit Wasser füllen. Den Maisflan im vorgeheizten Ofen bei 150 Grad 60 Minuten pochieren.

5. Für die Schnittlauchsauce die Maisstärke mit wenig Wasser anrühren, zusammen mit der süßen Sahne und der Gemüsebrühe aufkochen, zu einer sämigen Sauce köcheln. Den fein geschnittenen Schnittlauch unterrühren. Abschmecken.

6. Mit der Schnittlauchsauce auf vorgewärmten Tellern einen Spiegel machen. Den Förmchenrand sorgfältig lösen und den Maisflan auf die Sauce stürzen.

ÜBERBACKENE MAISPLÄTZCHEN

- 750 ml/7,5 dl Gemüsebrühe
- 200 g feiner Maisgrieß

- 2 Freilandeier
- 200 ml/2 dl Milch
- Pfeffer aus der Mühle
- Reibkäse

1. Die Gemüsebrühe aufkochen, den Maisgrieß einrieseln lassen. Unter häufigem Rühren auf kleinem Feuer 20 bis 30 Minuten köcheln lassen. Die Polenta auf einem mit kaltem Wasser überbrausten Brett ausstreichen. 1 Stunde stehen lassen.

2. Den Backofen auf 180 Grad vorheizen.

3. Aus der Polenta mit einem runden Ausstecher von etwa 4 cm Durchmesser Plätzchen ausstechen. Die Plätzchen in eine gefettete Gratinform schichten.

4. Die Eier und die Milch verrühren, mit Pfeffer abschmecken. Den Guss über die Maisplätzchen verteilen. Mit dem Käse bestreuen.

5. Die Maisplätzchen im vorgeheizten Backofen bei 180 Grad rund 35 Minuten überbacken.

MAISTALER MIT PINIEN-KERNEN UND RUCOLA

- ½ l Gemüsebrühe
- 1 EL Olivenöl extra nativ
- 150 g Maisgrieß
- 1 EL geröstete, gehackte Pinienkerne
- 1 Eigelb
- 2 EL geriebener Parmesan oder Sbrinz
- 1 Bund Rucola/Rauke (50 g)

- Olivenöl oder Butterschmalz/Bratbutter, zum Braten

1. Gemüsebrühe und Öl aufkochen, den Maisgrieß einrieseln lassen. Unter häufigem Rühren 20 bis 30 Minuten auf kleinem Feuer köcheln lassen. Pinienkerne, Eigelb, geriebenen Käse und fein gehackte Rucola unter die Polenta rühren. Die Polenta in einem gefetteten Blech etwa 1 cm hoch ausstreichen. Erkalten lassen.

2. Die Polenta nach Belieben rund ausstechen, in Quadrate oder Rauten schneiden. Im nicht zu heißen Öl oder Butterschmalz beidseitig braten.

PANCAKES MIT HEIDELBEEREN

- 80 g Dinkelmehl
- 2 EL Vollrohrzucker
- $1/2$ TL Meersalz
- 1 TL phosphatfreies Backpulver
- 90 g Maisgrieß
- 2 Freilandeier
- 40 g flüssige Butter
- 250 ml/2,5 dl Milch
- 200 g frische Heidelbeeren

- Butterschmalz/Bratbutter

- Crème fraîche
- Heidelbeeren

1. Mehl, Zucker, Salz, Backpulver und Maisgrieß mischen. Eier, Butter und Milch unter die Mehlmischung rühren. Die Heidelbeeren sorgfältig untermischen.

2. Aus dem Teig in einer Bratpfanne in wenig Butterschmalz 6 große oder 9 kleine Pancakes braten.

3. Die Pancakes mit Heidelbeeren und Crème fraîche servieren.

Tipp: Ideal für den Brunch oder für eine kleine Mahlzeit.

Abbildung
hinten: Pancakes mit Heidelberen
vorn: Polenta mit Rosinen und Ahornsirup

POLENTA MIT ROSINEN UND AHORNSIRUP

- 250 ml/2,5 dl Milch
- 250 ml/2,5 dl Wasser
- 1 TL Meersalz
- 1 TL Vollrohrzucker
- $1/2$ TL Zimtpulver
- 100 g feiner Maisgrieß
- 3 EL Sultaninen
- wenig Öl

- 2 EL Butterschmalz/Bratbutter

- Ahornsirup nach Belieben

1. Milch, Wasser und Gewürze aufkochen, den Maisgrieß einrieseln lassen, unter ständigem Rühren zu einem dicken Brei kochen. Die Sultaninen unterrühren.

2. Den Maisbrei etwa 15 mm hoch in einer gefetteten rechteckigen Gratinform ausstreichen. Über Nacht kühl stellen.

3. Die Polenta in rechteckige Stücke schneiden, die Plätzchen im Butterschmalz beidseitig 3 bis 4 Minuten braten.

4. Den Ahornsirup in einem kleinen Krug im Wasserbad leicht erwärmen, zu den Polentaplätzchen servieren.

Tipp: Eignet sich gut für einen Winterbrunch oder zusammen mit einem Früchtekompott als leichte Mahlzeit.

PIKANTER ZUCCHINI-MAISKUCHEN

für eine Kuchenform von
28 cm Durchmesser

- 100 g geriebene, geschälte Mandeln
- 100 g geriebener Käse
- 150 g Vollmilchquark
- 3 EL süße Sahne/Rahm
- 3 EL Olivenöl extra nativ
- 2 Freilandeier
- 120 g grober Maisgrieß
- 600 g Zucchini
- 100 g Maiskörner aus dem Glas
- 2 TL Provencekräuter
- 1 TL mildes Currypulver
- 1 Prise geriebene Muskatnuss
- Meersalz
- 1 EL Pinienkerne
- 6–8 Salbeiblätter

1. Mandeln, Käse, Quark, süße Sahne, Öl, Eier und Maisgrieß gut verrühren, 30 Minuten quellen lassen.

2. Den Backofen auf 200 Grad vorheizen.

3. Die Zucchini mit dem Gemüsehobel/Röstiraffel hobeln. Zusammen mit den Maiskörnern, den Provencekräutern und den Gewürzen unter die Maismasse rühren. Mit Salz abschmecken.

4. Die Maismasse in die gefettete Kuchenform füllen und glatt streichen. Die Pinienkerne und den fein geschnittenen Salbei darüber streuen.

5. Den Maiskuchen im vorgeheizten Backofen bei 200 Grad auf mittlerem Einschub 45 Minuten backen.

REIS MIT MAISKÖRNERN UND KOKOSRASPELN

- 200 g Langkorn-Naturreis
- 2 EL Maiskeimöl
- 50 g Kokosraspel
- 1 Prise Zimtpulver
- 400 ml/4 dl Wasser
- 2 Maiskolben oder 200–300 g Maiskörner aus dem Glas
- Meersalz

1. Bei den Maiskolben zuerst die Hüllblätter und die Bartfäden entfernen. Dann die Körner mit einem scharfen Messer rundum dicht am Kolben abschneiden.

2. Den Reis und 40 g Kokosraspeln im Öl kurz dünsten. Das Zimtpulver darüber streuen. Mit dem Wasser aufgießen, auf kleinem Feuer 20 Minuten köcheln lassen. Die Maiskörner 10 Minuten mitköcheln. Das Reisgericht auf der ausgeschalteten Wärmequelle 30 Minuten nachquellen lassen. Nochmals erwärmen. Die restlichen Kokosraspeln untermischen. Würzen.

Tipp: Dieses Reisgericht passt zu Gemüse, Fleisch und Fisch. Ein Gericht, das auch Kindern schmeckt.

GRATIN MIT MAISCURRY UND LATTICH

- 2 große Lattich
- 1 EL Butterschmalz/Bratbutter
- 2 Zwiebeln, ca. 150 g
- 1 Knoblauchzehe
- 1 EL Currypulver
- 1/2 TL Ingwerpulver
- Pfeffer aus der Mühle
- 150 ml/1,5 dl Gemüsebrühe
- 300 g Maiskörner aus dem Glas
- 1 Becher (180 g) saure Sahne/ Sauerrahm
- 2 EL geriebener Parmesan

1. Den Lattich in die einzelnen Blätter zerlegen und im Dampf kurz garen.

2. Die Zwiebeln fein hacken, im Butterschmalz dünsten. Den Knoblauch dazupressen. Die Gewürze dazugeben und kurz mitdünsten. Mit der Gemüsebrühe angießen, 10 Minuten köcheln lassen. Die Maiskörner und die saure Sahne unterrühren.

3. Den Backofen auf 220 Grad vorheizen.

4. Eine ofenfeste Form gut einbuttern. Den Lattich und den Mais lagenweise einfüllen. Den Parmesan darüber streuen.

5. Das Gratin im vorgeheizten Ofen bei 220 Grad auf mittlerem Einschub 20 Minuten überbacken.

MAISMEDAILLONS MIT LAUCH AUF GEMÜSESAUCE

- ½ l Gemüsebrühe
- 1 EL Olivenöl extra nativ
- 150 g Maisgrieß

- 150 g Lauch
- 1 TL Olivenöl extra nativ
- 1 Msp geriebene Muskatnuss
- 1 Prise Rosenpaprikapulver
- 1 Prise Kurkuma/Gelbwurz (für die Farbe)

- 40 g geriebener Käse

Rote-Bete-Sauce
- 150 g rohe Rote Beten/Randen
- 400 ml/4 dl Gemüsebrühe
- 1–2 TL Maisstärke
- 2–3 EL süße Sahne/Rahm
- Korianderpulver
- Pimentpulver
- wenig Rote-Bete-/Randensaft

- 1 Bund Petersilie

1. Die Gemüsebrühe und das Öl aufkochen, den Maisgrieß einrieseln lassen. Unter häufigem Rühren 20 bis 30 Minuten auf kleinem Feuer köcheln lassen. Auf der ausgeschalteten Wärmequelle erkalten lassen.

2. Den Backofen auf 220 Grad vorheizen.

3. Den Lauch putzen, längs halbieren und in Streifchen schneiden. Zusammen mit den Gewürzen 5 Minuten im Öl dünsten.

4. Den Lauch zusammen mit dem geriebenen Käse unter die Polenta rühren. Von der Polenta mit einem Eisportionierer Kugeln abstechen, diese in ein gefettetes Blech setzen und leicht flach drücken.

5. Die Maismedaillons im vorgeheizten Backofen bei 220 Grad auf mittlerem Einschub 20 Minuten backen.

6. Für die Sauce die Roten Beten schälen und auf der Bircher-Rohkostreibe reiben. In der Gemüsebrühe weich kochen, pürieren. Die Maisstärke mit wenig Wasser anrühren, zusammen mit dem Gemüsepüree und der süßen Sahne aufkochen, die Sauce sämig einköcheln lassen. Würzen. Die Farbe der Sauce mit ein wenig Rote-Bete-Saft auffrischen.

7. Mit der Sauce auf vorgewärmten Tellern einen Spiegel machen. Die Maismedaillons darauf anrichten. Mit der fein gehackten Petersilie garnieren.

MAIS-KÜRBIS-RISOTTO

- 200–250 g Rundkorn-Naturreis
- 500–550 ml/5–5,5 dl Wasser

- 2 EL Olivenöl extra nativ
- 1 kleine Zwiebel
- 2–3 Maiskolben oder 300 g Maiskörner aus dem Glas
- 300 g Kürbisfleisch, z.B. Muscade de Provence, Butternut oder Potimarron
- 300 ml/3 dl Gemüsebrühe
- Pfeffer aus der Mühle/Kräutermeersalz
- 1/2 TL Provencekräuter
- 1 Bund fein geschnittene Rucola/Rauke

1. Den Reis im Wasser 20 Minuten köcheln lassen, dann auf der ausgeschalteten Wärmequelle zugedeckt 30 Minuten nachquellen lassen.

2. Bei den Maiskolben zuerst die Hüllblätter und die Bartfäden entfernen, dann die Körner mit einem scharfen Messer rundum dicht am Kolben abschneiden. Kürbis schälen und würfeln. Zwiebel fein hacken.

3. Die Zwiebeln im Öl dünsten. Die Maiskörner und den Kürbis kurz mitdünsten. Mit der Gemüsebrühe angießen. Das Gemüse knackig kochen, 8 bis 10 Minuten.

4. Den Reis zum Gemüse geben. Gut abschmecken. Eventuell wenig Gemüsebrühe unterrühren, damit der Risotto nicht zu trocken wird. Fein geschnittene Rucola untermischen.

MAIS-TOFU-BRATLINGE

- 250 g Polenta, Seite 62
- 150 g weicher Tofu
- Kräutermeersalz
- Pfeffer aus der Mühle
- Provencekräuter
- 1 Prise Currypulver
- 1 Prise Paprikapulver

- Olivenöl oder Butterschmalz/Bratbutter zum Braten

1. Den Tofu mit der Gabel fein zerdrücken. Mit der Polenta gut vermengen. Pikant würzen.

2. Von der Mais-Tofu-Masse mit dem Eisportionierer Kugeln abstechen, daraus Bratlinge formen.

3. Die Bratlinge im nicht zu heißen Öl oder im Butterschmalz beidseitig braten.

Variante: Gekochte Maiskörner und/oder fein gehackten, blanchierten Spinat unter die Maismasse rühren.

Abbildung
Mais-Tofu-Bratlinge

POLENTAKUGELN MIT PILZEN UND GORGONZOLA

für 4 bis 6 Personen

- 1 ½ l Gemüsebrühe oder halb Milch/halb Gemüsebrühe
- 250 g Maisgrieß

Belag
- 400 g Pilze, z. B. Steinpilze oder braune Champignons
- 1 große Zwiebel
- 150 g Sahne-/Rahmgorgonzola
- 1 großer Bund glattblättrige Petersilie
- 3–4 EL Olivenöl extra nativ
- 1 Knoblauchzehe
- Meersalz
- Pfeffer aus der Mühle
- 4 EL geriebener Parmesan oder anderer Reibkäse

1. Die Gemüsebrühe aufkochen, den Maisgrieß einrieseln lassen. Unter häufigem Rühren auf kleinem Feuer rund 45 Minuten köcheln lassen.

2. Die Pilze putzen und mit einem trockenen Tuch abreiben, klein schneiden. Die Zwiebel fein hacken. Den Gorgonzola zerbröckeln. Die Petersilie fein hacken.

3. Die Zwiebeln im Öl dünsten. Die Pilze dazugeben und 5 Minuten mitdünsten. Den Knoblauch dazupressen. Den Gorgonzola auf den Pilzen verteilen und schmelzen lassen. Mit Pfeffer würzen.

4. Von der heißen Polenta mit einem Eisportionierer Kugeln abstechen. Auf einem großen Brett als Kranz anrichten. Die heiße Pilz-Käse-Mischung darüber verteilen. Die Petersilie und den Reibkäse darüber streuen. Sofort servieren.

NUDELN MIT MAISKÖRNER-PAPRIKA-SAUCE

- 500 g weiße oder grüne Bandnudeln

Sauce
- 1–2 EL Olivenöl extra nativ
- 1 Zwiebel
- 350 g grüner Gemüsepaprika/ Peperoni
- 2–3 Maiskolben oder 350 g Maiskörner aus dem Glas
- 200 ml/2 dl Gemüsebrühe
- 200 g/2 dl süße Sahne/Rahm
- Pfeffer aus der Mühle
- Meersalz
- Currypulver
- Chilipulver
- 1 Prise edelsüßes Paprikapulver

- Basilikum für die Garnitur

1. Die Zwiebel fein hacken. Den Gemüsepaprika mit dem Sparschäler/Kartoffelschäler schälen, halbieren, den Stielansatz und die Kerne entfernen. Die Schotenhälften in kleine Quadrate schneiden.

2. Bei den Maiskolben zuerst die Hüllblätter und die Bartfäden entfernen. Dann die Körner mit einem scharfen Messer rundum dicht am Kolben abschneiden.

3. Die Zwiebeln und den Gemüsepaprika in wenig Olivenöl dünsten. Die frischen Maiskörner dazugeben. Mit der Gemüsebrühe angießen, 8 bis 10 Minuten köcheln lassen. Die süße Sahne dazugeben, zu einer sämigen Sauce einköcheln lassen. Gut würzen.

4. Die Nudeln in reichlich Salzwasser al dente kochen. Abgießen. Mit der Sauce mischen. Mit dem fein geschnittenen Basilikum garnieren.

MAISAUFLAUF
MIT PAPRIKAGEMÜSE

für 4 bis 6 Personen

- 160 g Maisgrieß
- 1/2 TL Weinsteinbackpulver
- 1 TL Vollrohrzucker
- 75 g zimmerwarme Butter
- 2 Freilandeier
- 800 ml/8 dl lauwarme Gemüsebrühe
- 1/4 TL Kräutermeersalz
- 1/4 TL geriebene Muskatnuss
- 250 g Maiskörner aus dem Glas

- 1 EL Olivenöl extra nativ
- 1 roher Gemüsepaprika/Peperoni
- 2 grüne Pfefferschoten/Peperoncini

- 200 g Geyerzer Käse

1. Maisgrieß, Backpulver und Zucker in einer Schüssel mischen. Butter, Eier und Gemüsebrühe unter den Grieß rühren. Würzen. Die Maiskörner unterrühren.

2. Den Backofen auf 200 Grad vorheizen.

3. Den Gemüsepaprika halbieren, den Stielansatz und die Kerne entfernen, klein würfeln. Die Pfefferschoten längs halbieren, den Stielansatz und die Kerne entfernen, in Streifchen schneiden. Gemüsepaprika und Pfefferschoten im Öl knackig dünsten.

4. Den Käse klein würfeln, zusammen mit der Paprikamischung unter den Mais rühren. Das Ganze in eine gefettete Gratinform füllen.

5. Den Auflauf im vorgeheizten Backofen bei 200 bis 220 Grad rund 40 Minuten backen.

POLENTABLUMEN MIT AUBERGINEN-TOMATEN-SAUCE

Polentablumen

- 1 EL Olivenöl extra nativ
- 1 mittelgroße Zwiebel
- 1 Knoblauchzehe
- 1/2 l Gemüsebrühe
- 2 Msp Kräutermeersalz
- 100 g Maisgrieß
- 30 g geriebener Parmesan
- 1 Msp Pfeffer aus der Mühle

Auberginen-Tomaten-Sauce

- 2 EL Olivenöl extra nativ
- 1 kleine Zwiebel
- 500 g Auberginen
- 500 g Tomaten
- Kräutermeersalz
- Pfeffer aus der Mühle
- 1 Msp Chilipfeffer
- 1 Bund Basilikum

- 100 g Feta
- Basilikumblätter

1. Für die Polenta die Zwiebel fein hacken, im Olivenöl kurz dünsten. Den Knoblauch dazupressen. Mit der Gemüsebrühe aufgießen. Das Kräutersalz dazugeben. Den Maisgrieß einrieseln lassen und unter ständigem Rühren auf kleinem Feuer 10 bis 15 Minuten köcheln lassen. Den Parmesan unterrühren. Mit dem Pfeffer abschmecken. Die Polenta in einer gefetteten Gratinform oder in einem Kuchenblech 10 bis 15 mm hoch ausstreichen. Mindestens 1 Stunde stehen lassen.

2. Die Zwiebeln für die Sauce fein hacken. Die Auberginen beidseitig kappen, in kleine Würfel schneiden. Die Tomaten an der Spitze kreuzweise einschneiden. In einem Schaumlöffel in kochendes Wasser tauchen, bis sich die Haut zu lösen beginnt. Die Früchte schälen, den Stielansatz entfernen, klein würfeln. Die Zwiebeln zusammen mit den Auberginen im Olivenöl 5 bis 7 Minuten dünsten. Die Tomaten beifügen, so lange weiterdünsten, bis die Auberginen weich sind. Das Gemüse kräftig würzen. Das fein geschnittene Basilikum unterrühren.

3. Den Backofen auf 220 Grad vorheizen.

4. Aus der Polenta «Blumen» ausstechen und diese ziegelartig in eine gefettete Gratinform schichten. Die Sauce so verteilen, dass die Blumen nicht ganz bedeckt sind. Den Feta zerbröckeln und darüber streuen.

5. Das Gratin im vorgeheizten Backofen bei 220 Grad 20 bis 25 Minuten überbacken.

Tipp: Dieses Gratin läßt sich gut vorbereiten. Polenta und Sauce getrennt im Kühlschrank aufbewahren.

GEFÜLLTER GEMÜSEPAPRIKA

- 5 mittelgroße Gemüsepaprika/ Peperoni, gemischt

- 3 Maiskolben oder 300 g Maiskörner aus dem Glas
- 3–4 Tomaten
- 1 mittelgroße Zwiebel
- 250 g Lammfilet
- 2 EL Olivenöl extra nativ
- $\frac{1}{2}$ TL zerstoßene Kümmelsamen
- $\frac{1}{2}$ TL getrockneter Majoran
- Kräutermeersalz
- schwarzer Pfeffer aus der Mühle
- 1 Bund Petersilie

1. Die Paprikaschoten halbieren, den Stielansatz und die Kerne entfernen. 2 Hälften für die Füllung klein würfeln, die restlichen Schotenhälften im Dampf knackig garen.

2. Bei den Maiskolben zuerst die Hüllblätter und die Barthaare entfernen. Dann die Körner mit einem scharfen Messer rundum dicht am Kolben abschneiden. Die Maiskörner im Dampf weich garen.

3. Die Tomaten an der Spitze kreuzweise einschneiden. In einem Schaumlöffel in kochendes Wasser tauchen, bis sich die Haut zu lösen beginnt. Die Früchte schälen, den Stielansatz entfernen, klein würfeln. Die Zwiebeln fein hacken. Das Fleisch würfeln. Die Petersilie fein hacken.

4. Den Backofen auf 190 Grad vorheizen.

5. Das Fleisch im Öl kurz braten, mit Kümmel und Majoran würzen, beiseite stellen. Die Zwiebeln und die Paprikawürfelchen in der Fleischpfanne in wenig Öl knackig dünsten. Die Tomatenwürfelchen untermischen, 1 bis 2 Minuten mitdünsten. Maiskörner, Fleisch und Petersilie untermischen. Würzen. In die Paprikahälften füllen.

6. Die gefüllten Paprikahälften im vorgeheizten Ofen bei 190 Grad kurz überbacken.

Abbildung
Gefüllter Gemüsepaprika mit Maissauce
(Rezept Seite 70)

FEINE MAISSAUCE AUS FRISCHEN MAISKÖRNERN

- 2 Maiskolben oder 200 g Maiskörner aus dem Glas
- 300 ml/3 dl Gemüsebrühe
- 1 TL Maisstärke
- 100 g/1 dl süße Sahne/Rahm
- Meersalz
- Pfeffer aus der Mühle
- 1 Prise Cayennepfeffer

1. Bei den Maiskoben zuerst die Hüllblätter und die Bartfäden entfernen. Dann die Körner mit einem scharfen Messer rundum dicht am Kolben abschneiden.

2. Die Maiskörner in der Gemüsebrühe sehr weich köcheln, 10 bis 15 Minuten. Das Ganze pürieren und durch ein Sieb streichen.

3. Die Maisstärke mit der süßen Sahne anrühren, zur Sauce geben, diese sämig köcheln und würzen.

Abbildung Seite 69

MAISPUFFER DER INDIANER

- 180 g Maismehl, nicht zu fein
- 1 1/2 TL phosphatfreies Backpulver
- 170 ml/1,7 dl Milch
- 3 EL Olivenöl extra nativ
- 1 Msp Meersalz

- Butterschmalz/Bratbutter oder Maiskeimöl zum Braten

1. Sämtliche Zutaten gut verrühren, von Hand nicht zu dicke Puffer formen.

2. Die Puffer im Butterschmalz beidseitig langsam braten.

Tipp: Die noch warmen Puffer mit gesalzener Butter servieren. Auch geeignet als Beilage zu Gemüsegerichten.

Zum Rezept: Die Puffer können auch anstelle von Tortillas serviert werden. Sie sind rascher zubereitet. Die Puffer schmecken wie Maisbrötchen.

MEXIKANISCHES MAISGERICHT

- 4 frische Maiskolben oder 400 g Maiskörner aus dem Glas
- 2 EL Butterschmalz/Bratbutter
- 1 große rote Zwiebel
- 1 TL Vollrohrzucker
- $1/2$ TL Kräutermeersalz
- schwarzer Pfeffer aus der Mühle
- Cayennepfeffer, nach Belieben
- 4 Tomaten
- 100 ml/1 dl kräftige Gemüsebrühe
- 1 EL Butter
- 125 ml/1,25 dl süße Sahne/Rahm
- 1 Bund Koriander

1. Bei den Maiskolben zuerst die Hüllblätter und die Barthaare entfernen. Dann die Körner mit einem scharfen Messer vom Kolben schneiden. Die Zwiebel fein hacken. Die Tomaten an der Spitze kreuzweise einschneiden. In einem Schaumlöffel in kochendes Wasser tauchen, bis sich die Haut zu lösen beginnt. Die Früchte schälen, den Stielansatz entfernen, klein würfeln.

2. Die Zwiebeln im Butterschmalz dünsten. Die Hälfte der Maiskörner dazugeben. Würzen mit Zucker, Kräutersalz, schwarzem Pfeffer und Cayennepfeffer. Auf kleinem Feuer unter Rühren dünsten, bis der Mais an der Pfanne zu kleben beginnt. Die Tomaten beigeben. Weiterdünsten, bis die Tomatenflüssigkeit eingekocht ist, etwa 5 Minuten. Mit der Gemüsebrühe angießen, köcheln lassen, bis die Flüssigkeit fast vollständig eingekocht ist, etwa 15 Minuten. Die restlichen Maiskörner beigeben. Die Butter und die süße Sahne unterrühren, weitere 5 Minuten köcheln lassen, bis reichlich Flüssigkeit eingekocht ist. Ab und zu rühren, damit das Ganze nicht anbrennt. Den Koriander fein schneiden und unterrühren.

Tipp: Dieses Gericht kann als Beilage zu Grilladen serviert oder als Eintopf gereicht werden, wenn kurz vor dem Servieren noch Meeresfrüchte oder gebratenes Hähnchenfleisch untergemischt wird.

TOMATEN MIT MAISKRUSTE

- 4 feste Tomaten

- 4 EL 2-Minuten-Maisgrieß
- 1 EL Olivenöl extra nativ
- 2 EL gehackte Petersilie
- 1 Knoblauchzehe
- Kräutermeersalz
- schwarzer Pfeffer aus der Mühle

1. Den Backofen auf 200 Grad vorheizen.

2. Die Tomaten quer halbieren und in eine feuerfeste Form stellen.

3. Für die Kruste Maisgrieß, Olivenöl und Petersilie verrühren. Den Knoblauch dazupressen. Mit Salz und Pfeffer würzen. Die Schnittflächen der Tomaten mit der Paste dick bestreichen.

4. Die Tomaten im vorgeheizten Backofen auf mittlerem Einschub 10 bis 15 Minuten backen.

MAISRIBEL

- 400 ml/4 dl Wasser
- $^1/_2$ l Milch
- 1 Msp Meersalz
- 350 g feiner weißer oder gelber Maisgrieß

- Butterschmalz/Bratbutter

1. Wasser, Milch und Salz aufkochen, den Maisgrieß einrieseln lassen, auf kleinem Feuer unter häufigem Rühren zu einem Brei kochen, rund 20 Minuten. Den Maisbrei auskühlen lassen, am besten über Nacht.

2. Den Mais im Butterschmalz unter Rühren so lange braten, bis er körnig ist. Mit Zimtzucker und Kompott servieren.

Tipp: Gut geeignet für dieses Gericht sind Polentareste. Die Ribel können auch pikant mit Olivenöl und Kräutern gebraten werden. Zu Gemüse servieren.

Zum Rezept: Eine Spezialität aus dem Schweizer Rheintal.

Abbildung
Maisribel

KASTANIEN-MAIS-MEDAILLONS

- 100 g geschälte Kastanien, frisch oder tiefgekühlt
- 400 ml/4 dl Gemüsebrühe
- 100 g Maisgrieß
- 1 EL fein gehackte Petersilie

- Butterschmalz/Bratbutter zum Braten

1. Die Kastanien 12 bis 15 Minuten im Dampf garen. Mit einem Messer fein hacken.

2. Die Gemüsebrühe aufkochen, den Maisgrieß einrieseln lassen. Unter häufigem Rühren auf kleinem Feuer eindicken lassen. Die Kastanien und die Petersilie unterrühren. Zu einer dicken Masse einköcheln lassen. Die Polenta in einem gefetteten Blech 1 cm dick ausstreichen. Auskühlen lassen.

3. Aus der Polenta mit einem runden Ausstecher Plätzchen ausstechen, im Butterschmalz beidseitig langsam braten.

Tipp: Mit einem Lauchgemüse oder einer Pilzsauce servieren.

MAISKOLBEN AUF PROVENZALISCHE ART

- 4 junge Maiskolben

- reichlich frische Kräuter
- 1–2 Knoblauchzehen
- 2 TL Senf
- 2–3 EL Olivenöl extra nativ

1. Die Kräuter fein hacken, in einer Schüssel mit dem durchgepressten Knoblauch vermengen. Den Senf und das Öl unterrühren.

2. Bei den Maiskolben die Hüllblätter nach unten ziehen und die Barthaare entfernen.

3. Die Maiskolben mit der Marinade einpinseln. Die Blätter wieder nach oben legen und mit einer Küchenschnur festbinden.

4. Die Maiskolben auf dem nicht zu heißen Gartengrill 15 bis 20 Minuten grillen, immer wieder wenden. Oder die Maiskolben im vorgeheizten Backofen bei 250 Grad 25 Minuten backen. Die Hüllblätter entfernen, die Kolben mit frischem Olivenöl beträufeln.

Tipp: Dieses Rezept ist ideal für junge Maiskolben. Reifere Maiskolben zuerst 5 bis 10 Minuten im Dampf garen.

Abbildung
Maiskolben auf provenzalische Art

GEMÜSEAUFLAUF MIT MAISKÖRNERN UND PILZEN

- 400 g Brokkoli
- 400 g Blumenkohl
- 3 Maiskolben oder 300 g Maiskörner aus dem Glas
- 1 EL Butter
- 1 kleine Zwiebel
- 150 g Champignons oder andere Pilze
- 1 TL fein gehackter Thymian
- 200 g Kartoffeln

Guss
- 2 Freilandeier
- 200 ml/2 dl Milch
- Pfeffer aus der Mühle
- Kräutermeersalz
- 1 Prise geriebene Muskatnuss

- 75 g Raclettekäse-Scheiben

1. Beim Brokkoli und Blumenkohl den Strunk abschneiden, schälen und in Stäbchen schneiden. Die Blumen in Röschen brechen. Das Gemüse im Dampf 5 bis 8 Minuten garen.

2. Bei den Maiskolben zuerst die Hüllblätter und die Barthaare entfernen. Dann die Körner mit einem scharfen Messer rundum dicht am Kolben abschneiden.

3. Die Zwiebel fein hacken. Die Champignons je nach Größe halbieren oder vierteln.

4. Die Zwiebeln in der Butter dünsten. Die Pilze dazugeben und 2 bis 3 Minuten mitdünsten. Den Thymian und die Maiskörner untermischen.

5. Den Backofen auf 220 Grad vorheizen.

6. Die Kartoffeln schälen und mit der Röstiraffel raspeln.

7. Eine ofenfeste Form einfetten. Gemüse, Kartoffeln und Mais-Pilz-Mischung lagenweise einfüllen. Jede Lage mit Kräutersalz und Pfeffer würzen. Den Eierguss darüber gießen.

8. Den Auflauf im vorgeheizten Backofen bei 220 Grad 30 bis 35 Minuten backen. 5 Minuten vor Ende der Backzeit die Käsescheiben darauf legen und schmelzen lassen.

MAISPASTETCHEN MIT SPINAT

für 4 Formen von 10–12 cm Durchmesser

- 1 l Gemüsebrühe
- 200 g Maisgrieß
- 60 g Butter
- 50 g geriebener Parmesan
- 75 g geriebener Greyerzer Käse
- 4 Freilandeier

- 600 g frischer Spinat oder
  1 Paket tiefgekühlter Spinat
- 2 EL Butter
- Kräutermeersalz
- Pfeffer aus der Mühle

- 2 Tomaten

1. Die Gemüsebrühe aufkochen, den Maisgrieß einrieseln lassen und unter ständigem Rühren zu einem Brei kochen. Die Butter und den Parmesan unterrühren.

2. Den Backofen auf 190 Grad vorheizen.

3. Die Polenta in die gefetteten Formen füllen. In der Mitte mit einem EssLöffel eine Vertiefung machen. Zuerst den Greyerzer Käse einstreuen, dann ein aufgeschlagenes Ei hineingeben. Mit dem Mais decken.

4. Die Maispastetchen im vorgeheizten Backofen auf mittlerem Einschub 20 bis 25 Minuten backen.

5. Den Spinat im Dampf zusammenfallen lassen. In einem Sieb ausdrücken. In der Butter schwenken. Mit Salz und Pfeffer würzen.

6. Die Tomaten an der Spitze kreuzweise einschneiden, in einem Schaumlöffel in kochendes Wasser tauchen, bis sich die Haut zu lösen beginnt. Die Früchte schälen, den Stielansatz entfernen, klein würfeln.

7. Die Polenta mit einem Messer vom Förmchenrand lösen, auf Teller stürzen. Den Spinat rundum verteilen. Mit den Tomatenwürfelchen garnieren.

GEMÜSEAUFLAUF MIT MAISKÖRNERN

- 2 Maiskolben oder 250 g Maiskörner aus dem Glas
- 250 g Möhren/Karotten
- 400 g Kohlrabi
- 300 g gekochte Schalenkartoffeln
- 1 kleine Zwiebel
- 2 EL Olivenöl extra nativ
- wenig Gemüsebrühe

Guss
- 2 Freilandeier
- 200 g/2 dl süße Sahne/Rahm
- 100 g Crème fraîche
- 50 g geriebener Greyerzer Käse
- Kräutermeersalz
- Pfeffer aus der Mühle
- 1 TL getrockneter Majoran
- 1 Prise Cayennepfeffer
- geriebene Muskatnuss
- fein gehackte Petersilie

- einige Baby-Maiskolben, für die Garnitur

1. Bei den Maiskolben zuerst die Hüllblätter und die Bartfäden entfernen. Dann die Körner mit einem scharfen Messer rundum dicht am Kolben abschneiden. Die Möhren in 3 mm dicke Scheiben schneiden. Die Kohlrabi halbieren und in 3 mm dicke Scheiben schneiden. Die Kartoffeln schälen und in Scheiben schneiden. Die Zwiebel fein hacken.

2. Den Backofen auf 200 Grad vorheizen.

3. Die Zwiebeln im Öl dünsten. Möhren, Kohlrabi und Maiskörner kurz mitdünsten. Mit wenig Gemüsebrühe angießen, 5 Minuten köcheln lassen.

4. Die Kartoffelscheiben und das Gemüse abwechslungsweise in eine gefettete Gratinform füllen. Den Eierguss darüber gießen.

5. Den Gemüseauflauf im vorgeheizten Backofen bei 200 Grad auf mittlerem Einschub 30 bis 40 Minuten backen. Die Baby-Maiskolben die letzten 10 Minuten mitbacken.

PIKANTER MAIS-PFANNKUCHEN

für 6 Pfannkuchen

- 120 g Maismehl
- 200 ml/2 dl Wasser
- 2 Freilandeier
- Meersalz
- 1 EL Olivenöl extra nativ

- Olivenöl oder Butterschmalz/Bratbutter zum Braten

1. Sämtliche Zutaten zu einem glatten Teig rühren. 20 bis 30 Minuten quellen lassen.

2. Aus dem Teig im nicht zu heißen Öl oder im Butterschmalz Pfannkuchen braten. Warm stellen.

Tipp: Mit der Auberginen-Tomaten-Sauce, Seite 67, servieren.

SCHNELLE MAISPUFFER

für 8 Puffer

- 2 Maiskolben oder 250 g Maiskörner aus dem Glas
- 4 Freilandeier
- 60 g feines Maismehl
- Pfeffer aus der Mühle
- Kräutermeersalz
- 2 Salbeiblätter nach Belieben

- Olivenöl oder Butterschmalz/Bratbutter zum Braten

1. Bei den Maiskolben zuerst die Hüllblätter und die Bartfäden entfernen. Dann die Körner mit einem scharfen Messer rundum dicht am Kolben abschneiden. Die Maiskörner im Dampf kurz garen.

2. Die Eier und das Mehl glatt rühren. Würzen. Die Maiskörner und den fein geschnittenen Salbei unterrühren.

3. Aus dem Teig im nicht zu heißen Öl oder im Butterschmalz Puffer braten.

Tipp: Mit einer Tomaten- oder Zitronensauce und Gemüse nach Wahl servieren.

Abbildung
Schnelle Maispuffer

MAIS-PILZ-GRATIN

- 2 EL Butterschmalz/Bratbutter
- 2 Maiskolben oder 250 g Maiskörner aus dem Glas
- 1 mittelgroße Zwiebel
- 200 ml/2 dl Gemüsebrühe
- 2 EL geriebener Parmesan
- 100 g/1 dl süße Sahne/Rahm

- 1 EL Butterschmalz/Bratbutter
- 1 Beutel getrocknete Steinpilze oder 150 g frische Steinpilze
- 100 g grüne Erbsen
- wenig Gemüsebrühepulver
- Kräutermeersalz
- Pfeffer aus der Mühle

- 75 g geriebener Parmesan

1. Die getrockneten Steinpilze 10 bis 15 Minuten in kaltem Wasser einlegen. Die Pilze in ein Sieb geben und das Einweichwasser auffangen. Die Pilze in Streifen schneiden. Frische Steinpilze putzen und in Scheiben schneiden.

2. Bei den Maiskolben zuerst die Hüllblätter und die Barthaare entfernen. Dann die Körner mit einem scharfen Messer rundum dicht am Kolben abschneiden. Die Zwiebel fein hacken.

3. Die Zwiebeln im Butterschmalz dünsten. Die Maiskörner kurz mitdünsten. Mit der Gemüsebrühe angießen, köcheln lassen, bis das Ganze eingedickt ist. Mit dem Pürierstab kurz pürieren, die Masse soll körnig bleiben. Den geriebenen Parmesan und die süße Sahne unterrühren.

4. Den Backofen auf 220 Grad vorheizen.

5. Die Pilzstreifen im Butterschmalz dünsten. Die Erbsen beigeben. Mit wenig Pilzwasser angießen. Die Pilze auf kleinem Feuer etwa 5 Minuten köcheln lassen. Würzen.

6. Die Maismasse und die Pilze mischen. Nach Belieben nachwürzen. Die Mais-Pilz-Masse in eine gefettete Gratinform füllen. Den geriebenen Parmesan darüber streuen.

7. Das Gratin im vorgeheizten Backofen bei 220 Grad auf mittlerem Einschub 20 bis 25 Minuten überbacken.

MAIS-KASTANIEN-PIZZA

- 100 g geschälte Kastanien, frisch oder tiefgekühlt
- 100 ml/1 dl Gemüsebrühe

- 900 ml/9 dl Gemüsebrühe
- 1 Msp Majoranpulver
- 1 Msp Kurkuma/Gelbwurz (für die Farbe)
- Pfeffer aus der Mühle
- 150 g Maisgrieß
- 4 Tomaten
- 200 g Mozzarella
- Oreganopulver
- Pfeffer aus der Mühle
- 1 EL Olivenöl extra nativ

1. Die Kastanien in den 100 ml/1 dl Gemüsebrühe weich kochen. Pürieren.

2. Die Gemüsebrühe und die Gewürze aufkochen, den Maisgrieß einrieseln lassen. Unter häufigem Rühren auf kleinem Feuer 20 bis 30 Minuten köcheln lassen.

3. Das Kastanienpüree unter die Polenta rühren. Die Polenta in einem gefetteten Blech oder in einer gefetteten Gratinform etwa 1 cm dick ausstreichen. Auskühlen lassen.

4. Den Backofen auf 220 Grad vorheizen.

5. Bei den Tomaten den Stielansatz entfernen, die Früchte in Scheiben schneiden. Den Mozzarella ebenfalls in Scheiben schneiden. Den Maisboden mit den Tomaten und dem Mozzarella belegen. Mit Oregano und Pfeffer würzen. Das Öl darüber träufeln.

6. Die Pizza im vorgeheizten Backofen bei 220 Grad auf mittlerem Enschub 10 bis 15 Minuten überbacken, bis der Mozzarella leicht braun ist.

MAIS-KÄSE-AUFLAUF

- 1 grüner Gemüsepaprika/Peperoni
- 1 EL Olivenöl extra nativ
- 125 g Fontinakäse
- 125 ml/1,25 dl Milch
- 280 g Maiskörner aus dem Glas
- 120 g Maisgrieß
- 2 Freilandeier
- 1/2 TL phosphatfreies Backpulver
- Paprikapulver
- 1 Prise geriebene Muskatnuss
- 1 Prise Kreuzkümmel
- Meersalz

1. Den Gemüsepaprika halbieren, den Stielansatz und die Kerne entfernen, in kleine Quadrate schneiden. Käse klein würfeln.

2. Den Backofen auf 200 Grad vorheizen.

3. Den Gemüsepaprika im Olivenöl einige Minuten dünsten.

4. Sämtliche Zutaten miteinander mischen, würzen. Die Masse in eine gefettete Gratinform füllen.

5. Den Auflauf im vorgeheizten Backofen bei 200 Grad 30 bis 40 Minuten backen. Nadelprobe machen.

Tipp: Mit einer Tomatensauce und Salat servieren.

BUNTER MAISSPIESS

- 400 g Lammfilet, gewürfelt
- 2 Maiskolben
- 1 Zwiebel
- 150 g Champignons
- je 1 roter und grüner Gemüse-paprika/Peperoni
- Kräutermeersalz/Pfeffer aus der Mühle
- Provencekräuter
- 2 EL Olivenöl extra nativ

1. Bei den Maiskolben zuerst die Hüllblätter und die Bartfäden entfernen. Die Kolben in 4 cm dicke Scheiben schneiden. Im Dampf 5 Minuten garen.

2. Die Zwiebel in Scheiben schneiden. Die Pilze putzen. Den Gemüsepaprika halbieren, den Stielansatz und die Kerne entfernen, in 4 cm große Quadrate schneiden.

3. Die Pilze und den Gemüsepaprika in wenig Öl kurz dünsten. Mit Kräutersalz und Pfeffer würzen.

4. Das Gemüse und das Fleisch abwechslungsweise auf lange Spieße reihen. Mit Kräutersalz und Pfeffer würzen, mit Öl einpinseln. Die Provencekräuter darüber streuen.

5. Die Spieße in der Bratpfanne, auf dem Grill oder im Backofen bei großer Hitze grillen.

Abbildung
Bunter Maisspieß

BABY-MAISKOLBEN MIT GRÜNEN BOHNEN

- 250 g Baby-Maiskolben
- 2 EL Olivenöl extra nativ
- 1 Zwiebel
- 250 g feine grüne Bohnen
- wenig Gemüsebrühe
- 1 Prise Kurkum/Gelbwurz, nach Belieben (für die Farbe)
- 1 Bund frische Petersilie
- Kräutermeersalz
- Pfeffer aus der Mühle

1. Die Baby-Maiskolben quer halbieren. Die Zwiebeln fein hacken. Die grünen Bohnen putzen, dickere Bohnen längs halbieren. Die Petersilie fein hacken.

2. Die Zwiebeln im Öl dünsten. Die Maiskolben und die grünen Bohnen kurz mitdünsten, mit wenig Gemüsebrühe angießen. Kurkuma darüber stäuben. Das Gemüse auf kleinem Feuer knackig kochen, 12 bis 15 Minuten. Mit Kräutersalz und Pfeffer abschmecken.

FISCHFILETS IM MAISMANTEL

- 600 g Seeteufel- oder Seezungenfilets
- Vollkornmehl
- 2 Freilandeier
- ca. 150 g Maisgrieß
- 1 TL Kräutermeersalz
- schwarzer Pfeffer aus der Mühle

- Olivenöl extra nativ

1. Die Fischfilets unter kaltem Wasser abspülen, mit Haushaltpapier trocken tupfen. Würzen mit Salz und Pfeffer.

2. Die Eier verquirlen. Den Maisgrieß und das Kräutersalz mischen, mit schwarzem Pfeffer abschmecken.

3. Die Fischfilets zuerst im Mehl, dann im Ei und zuletzt im Maisgrieß wenden. Im nicht zu heißen Öl beidseitig 2 bis 3 Minuten braten.

Tipp: Mit Baby-Maiskolben und grünen Bohnen servieren, Rezept nebenan.

Abbildung
Fischfilets im Maismantel auf
Baby-Maiskolben mit grünen Bohnen

MAISBROT DER INDIANER

für eine Kuchenform von 26 bis 28 cm Durchmesser

- 1 grüner Gemüsepaprika/Peperoni
- 1 kleine Zwiebel
- 2 EL Olivenöl extra nativ
- 250 g Maisgrieß
- 2 TL phosphatfreies Backpulver
- 1 TL Meersalz
- 1 TL Chilipulver
- 3 Freilandeier
- 200 ml/2 dl Milch

1. Den Gemüsepaprika halbieren, den Stielansatz und die Kerne entfernen. Die Fruchthälften klein würfeln. Die Zwiebel fein hacken. Den Gemüsepaprika und die Zwiebeln im Öl kurz dünsten.

2. Maisgrieß, Backpulver, Salz und Chilipulver mischen.

3. Den Backofen auf 180 Grad vorheizen.

4. Die Eier und die Milch verquirlen. Das Gemüse dazugeben, den Maisgrieß unterrühren. In die gefettete Kuchenform füllen.

5. Das Maisbrot im vorgeheizten Backofen bei 180 Grad etwa 30 Minuten backen. Nadelprobe machen.

6. Das Maisbrot in Stücke schneiden, warm mit Salat oder Gemüse servieren.

FEINE MAISSCHNITTEN

- ½ l Milch
- 1 TL Meersalz
- 1 Msp Pfeffer aus der Mühle
- 100 g Maisgrieß
- 100 g flüssige Butter oder 100 ml/1 dl Olivenöl extra nativ
- 2 Freilandeier, Eigelb und Eiweiß getrennt

1. Die Milch zusammen mit dem Salz und dem Pfeffer aufkochen. Den Maisgrieß einrieseln lassen und unter ständigem Rühren auf kleinem Feuer zu einem Brei einköcheln lassen. Die Butter mit dem Eigelb unterrühren.

2. Den Backofen auf 180 Grad vorheizen.

3. Ein rechteckiges Kuchenblech mit Backpapier auslegen.

4. Das Eiweiß zu nicht ganz steifem Schnee schlagen. Unter den Mais ziehen. Die Maismasse auf dem Backpapier 1 cm hoch ausstreichen.

5. Das Maisbrot im vorgeheizten Backofen 30 bis 40 Minuten backen. In rechteckige Stücke schneiden.

Tipp: Schmeckt lauwarm am besten. Zusammen mit einem Salat servieren.

Abbildung
Feine Maisschnitten

MAISPIZZA

für 2 Personen als Hauptmahlzeit

Teig

- 200 g Dinkelruchmehl
- 100 g Maisgrieß
- 1 TL Meersalz
- 1/2 Hefewürfel
- 1 TL Vollrohrzucker
- 150 ml/1,5 dl lauwarmes Wasser
- 1 EL Olivenöl extra nativ
- 1 EL fein gehackte Rosmarinnadeln

Belag

- 20 g getrocknete Steinpilze
- 1 EL Olivenöl extra nativ
- 2 Zwiebeln, ca. 100 g
- 100 g Rohschinken
- Maiskörner nach Belieben
- 1 TL fein gehackter Thymian
- 10 entsteinte schwarze Oliven
- 150 g Mozzarella

1. Für den Pizzateig, Mehl, Maisgrieß und Salz mischen. Die Hefe mit dem Zucker flüssig rühren. Hefeflüssigkeit, Wasser, Olivenöl und gehackten Rosmarin zur Mehlmischung geben. Alles zusammenfügen und den Teig kneten, bis er glatt ist. Den Teig in eine Schüssel legen und diese mit einem feuchten Tuch bedecken, an einem warmen Ort auf das doppelte Volumen aufgehen lassen.

2. Die Steinpilze 10 Minuten in lauwarmem Wasser einlegen, gut abtropfen lassen und in Streifen schneiden. Die Zwiebeln fein hacken. Den Rohschinken in Streifchen schneiden. Die Oliven in Ringe schneiden. Den Mozzarella klein würfeln.

3. Die Zwiebeln und den Schinken im Öl kurz dünsten. Die Steinpilze dazugeben und einige Minuten mitdünsten. Die Maiskörner und den Thymian untermischen. Vom Feuer nehmen.

4. Den Backofen auf 220 Grad vorheizen.

5. Den Teig nochmals leicht kneten. In 4 Portionen teilen und rund ausrollen. Die Teigrondellen in gefettete Backbleche legen. Mit der Zwiebelmischung und den Oliven belegen. Den Mozzarella darüber streuen.

6. Die Pizzas im vorgeheizten Backofen bei 220 Grad auf mittlerem Einschub 12 bis 15 Minuten backen. Sofort servieren.

Tipp: Kleine Pizzas (8 Stück oder mehr) backen und zum Aperitif oder als Vorspeise servieren.

PIKANTE POLENTA-MUFFINS

für 12 Muffins

- 1 EL Butterschmalz/Bratbutter
- 1 kleine Zwiebel

- 100 g Dinkelvollkornmehl
- 100 g Dinkelruchmehl
- 180 g 2-Minuten-Maisgrieß
- 2 TL Weinsteinbackpulver
- 1 TL Vollrohrzucker
- ½ TL Meersalz
- 2 Freilandeier
- 60 g flüssige Butter, ausgekühlt
- 1 Becher (180 g) saure Sahne/ Sauerrahm
- 200 ml/2 dl lauwarme Milch
- 1 TL abgeriebene Schale einer unbehandelten Zitrone
- 1 EL gehackter Oregano oder 1 TL getrockneter Oregano

- ca. 36 Papierförmchen

1. Die Zwiebel fein hacken und im Butterschmalz dünsten.

2. Den Backofen auf 200 Grad vorheizen.

3. Die Zutaten bis und mit Salz in einer Schüssel mischen.

4. Eier, Butter, saure Sahne und Milch verrühren, zusammen mit dem Zitronengelb, dem Oregano und den Zwiebeln unter die Mehlmischung rühren. Der Teig soll dünnflüssig sein, damit der Mais noch quellen kann. Den Teig 10 bis 15 Minuten ruhen lassen.

5. Für jedes Muffin 3 Papierförmchen ineinanderlegen (für eine schöne Form braucht es 3 Papierförmchen). Bis zum Rand mit dem Teig füllen.

6. Die Muffins im vorgeheizten Backofen bei 200 Grad auf mittlerem Einschub 25 bis 30 Minuten backen.

Tipp: Lauwarm zu einem griechischen Salat servieren. Schmeckt auch zu Grilladen sehr gut.

SCHNELLER MAISKUCHEN

für eine Springform von 28 cm Durchmesser

- 250 g flüssige Butter
- 250 g Akazienhonig
- 4 Freilandeier,
  Eigelb und Eiweiß getrennt
- 250 g Maismehl
- 250 g Weizen- oder
  Dinkelvollkornmehl
- 1 Beutel Weinsteinbackpulver
- 1 Prise Meersalz

1. Den Backofen auf 180 Grad vorheizen.

2. Den Rand und den Boden der Springform mit Butter einstreichen, beides mit wenig Maisgrieß bestreuen.

3. Butter, Honig und Eigelb gut verrühren. Die beiden Mehle, das Backpulver und das Meersalz mischen, unter die Buttermasse rühren. Das zu Schnee geschlagene Eiweiß unter den Teig ziehen.

4. Den Maiskuchen im vorgeheizten Backofen bei 180 Grad auf mittlerem Einschub 40 Minuten backen.

Tipp: Für eine ganze Mahlzeit den Honigkuchen mit einem Fruchtkompott oder einer Vanillesauce servieren.

*Abbildung
Schneller Maiskuchen*

MAISZWIEBACK

- 250 g Dinkelruchmehl
- 125 g Maisgrieß
- 80 g Vollrohrzucker
- 1 1/2 TL Weinsteinbackpulver
- 1/4 TL Meersalz
- 100 g geriebene Mandeln
- 3 große Freilandeier
- 5 Tropfen Bittermandelöl

- 1 Eigelb zum Bestreichen

1. Den Backofen auf 200 Grad vorheizen.

2. Sämtliche Zutaten zu einem Teig rühren.

3. Den Teig halbieren und 2 Rollen von 5 cm Durchmesser formen. Mit Eigelb bestreichen.

4. Die Teigrollen in ein gefettetes Blech legen, im vorgeheizten Backofen bei 200 Grad auf mittlerem Einschub 25 Minuten goldbraun backen.

5. Die Rollen aus dem Ofen nehmen und 5 Minuten abkühlen lassen, dann schräg in ca. 15 mm dicke Scheiben schneiden. Die Scheiben ins Blech legen und nochmals 5 Minuten backen. Auskühlen lassen. In einer gut schließenden Dose aufbewahren.

Tipp: Schmeckt gut zu einem fruchtigen Wein. Der Zwieback kann auch mit Butter und Marmelade serviert werden.

MAIS-WEIZEN-TORTILLAS

für ca. 10 Tortillas

- 120 g Maismehl für Tortillas
- 120 g Weizen- oder Dinkelvollkornmehl
- ca. 250 ml/2,5 dl Wasser
- 1 Msp Meersalz
- 2 EL Olivenöl extra nativ

1. Sämtliche Zutaten zu einem Teig verarbeiten. Zugedeckt 15 Minuten ruhen lassen.

2. Aus dem Teig Kugeln in der Größe eines Tischtennisballs formen. Die Kugeln mit dem Nudelholz auf bemehlter Arbeitsfläche dünn ausrollen.

3. Die Tortillas in einer nicht klebenden Bratpfanne auf mittlerem Feuer ohne Fett beidseitig je 15 bis 20 Sekunden braten. Warm stellen.

Tortillas füllen: siehe Mais-Tortillas

MAIS-TORTILLAS

für ca. 10 Tortillas

- 2 Tassen Maismehl für Tortillas
- 2 Tassen lauwarmes Wasser
- 2 Msp Meersalz

- wenig Olivenöl extra nativ zum Einpinseln

1. Sämtliche Zutaten zu einem Teig verarbeiten. Zugedeckt 15 Minuten ruhen lassen.

2. Aus dem Teig Kugeln in der Größe eines Tischtennisballs formen. Die Kugeln mit Olivenöl einpinseln und zwischen zwei Klarsichtfolien mit dem Nudelholz dünn ausrollen oder in der Tortillapresse pressen.

3. Die Tortillas in einer nicht klebenden Bratpfanne auf mittlerem Feuer ohne Fett beidseitig je 15 bis 20 Sekunden braten. Warm stellen.

Tortillas: Sie sind für den Mexikaner das tägliche Brot und werden zu jeder Mahlzeit gereicht. Die Tortillas können auch wie Pfannkuchen gefüllt werden, z. B. mit einer dicken Tomatensauce, mit einem Avocadopüree usw.

Tortillas-Presse: Erhältlich in mexikanischen Shops (Bezugsquellen Seite 38)

Abbildung
Zubereitung der Mais-Tortillas

PIE MIT MAIS-ZWIEBEL-FÜLLUNG

für eine Pieform von 26 cm

für 4 Personen als Hauptmahlzeit

- 500 g Vollkornkuchenteig

- 1 EL Butterschmalz/Bratbutter
- 3 Maiskolben oder 300 g Maiskörner aus dem Glas
- 2 Zwiebeln, ca. 200 g
- 2 EL gehackte Sellerieblätter
- 120 g Boursin oder ein anderer Kräuter-Doppelsahne-/rahmkäse
- 2 Freilandeier
- 1 Eigelb
- 150 g/1,5 dl süße Sahne/Rahm
- 1 1/2 EL Maisstärke
- schwarzer Pfeffer aus der Mühle
- 1/2 TL Kräutermeersalz
- Cayennepfeffer

1. Bei den Maiskolben zuerst die Hüllblätter und die Barthaare entfernen. Dann die Körner mit einem scharfen Messer rundum dicht am Kolben abschneiden. Die Zwiebeln fein hacken.

2. Die Zwiebeln im Butterschmalz dünsten. Das Selleriegrün und die Maiskörner dazugeben und kurz mitdünsten.

3. Boursin, Eier, Eigelb, süße Sahne und Maisstärke glatt rühren. Würzen. Mit der Mais-Zwiebel-Mischung gut vermengen.

4. Die Pieform einfetten. Den Backofen auf 220 Grad vorheizen.

5. 2/3 der Teigmenge etwas größer als die Form ausrollen, d. h. der Teig soll den Rand 2 cm überlappen. In die Form legen. Die Füllung auf dem Teigboden ausstreichen. Den restlichen Teig für den Deckel ausrollen, mit einer Gabel ein paar Mal einstechen. Den Teig auf die Füllung legen. Den überlappenden Teig innen mit wenig Wasser befeuchten, auf dem Teigdeckel gut andrücken. Mit Milch einpinseln.

6. Die Pie im vorgeheizten Backofen bei 220 Grad auf mittlerem Einschub 30 bis 40 Minuten backen.

Tipp: Die Pie ist zusammen mit einem bunten Salat eine sättigende Mahlzeit.

BUTTERZOPF MIT MAISKÖRNERN

- 1–2 Maiskolben oder 150–200 g Maiskörner aus dem Glas
- 200 g Dinkelweißmehl
- 250 g Dinkelvollkornmehl
- $1/2$ TL Meersalz
- 30 g Hefe
- 25 g feiner Vollrohrzucker
- 1 Freilandei
- 200 ml/2 dl lauwarme Milch
- 60 g weiche Butter

- feiner Maisgrieß

1. Bei den Maiskolben zuerst die Hüllblätter und die Barthaare entfernen. Dann die Körner mit einem scharfen Messer rundum dicht am Kolben abschneiden.

2. Die beiden Mehle und das Salz in einer Schüssel mischen, eine Vertiefung machen.

3. Die Hefe mit dem Zucker flüssig rühren, in die Vertiefung geben. 1 bis 2 Esslöffel Mehl unter die Hefeflüssigkeit rühren. Die Teigschüssel mit einem feuchten Tuch bedecken und den Vorteig an einem warmen Ort 20 bis 30 Minuten gehen lassen.

4. Ei, Milch und Butter zum Vorteig geben, alles zu einem Teig zusammenfügen. Den Teig auf der Arbeitsfläche 10 bis 15 Minuten von Hand oder 5 bis 7 Minuten mit der Teigknetmaschine kneten. Ganz am Schluss die Maiskörner einkneten. Den Teig abermals in die Schüssel legen und mit dem feuchten Tuch bedecken. Auf das doppelte Volumen aufgehen lassen.

5. Den Backofen auf 200 Grad vorheizen.

6. Den Teig nochmals leicht kneten. In zwei Portionen teilen. Auf dem feinen Maisgrieß aus jeder Portion eine gleichmäßige Rolle von etwa 45 cm Länge drehen. Die beiden Teigrollen zu einem Zopf flechten. Den Zopf in ein gefettetes Blech legen. Nochmals 10 Minuten gehen lassen.

7. Den Zopf im vorgeheizten Backofen bei 200 Grad auf unterem Einschub 40 bis 45 Minuten backen.

BEEREN UNTER MAISKRUSTE

- 300 g gemischte Sommerbeeren
- 2 EL Vollrohrzucker
- 60 g Maisgrieß
- 1 EL Vollrohrzucker
- $^1/_2$ TL Weinsteinbackpulver
- 1 Prise Meersalz
- 1 EL flüssige Butter
- 50 ml/0,5 dl Milch
- 50 g Akazienhonig
- 1 EL flüssige Butter
- 1 EL Zitronensaft

1. Die Beeren in eine gebutterte Gratinform verteilen und mit dem Zucker bestreuen.

2. Den Backofen auf 200 Grad vorheizen.

3. Maisgrieß, Zucker, Backpulver und Salz in einer Schüssel mischen. Die flüssige Butter und die Milch unterrühren.

4. Die Maismasse eßlöffelweise auf die Beeren verteilen. Den Honig mit der flüssigen Butter und dem Zitronensaft verrühren, über den Mais träufeln.

5. Das Beerengratin im vorgeheizten Backofen bei 200 Grad 15 bis 20 Minuten überbacken. Vor dem Servieren etwas auskühlen lassen.

Tipp: Mit geschlagener süßer Sahne servieren.

Abbildung
Beeren unter Maiskruste

POLENTACREME MIT DATTELN

- 400 ml/4 dl Wasser
- 200 ml/2 dl Milch
- $^1/_2$ TL Meersalz
- 2 EL Vollrohrzucker
- 100 g feiner weißer Maisgrieß
- 1 EL Butter
- 1–2 EL Grand Marnier oder Cointreau
- 125 g Sahne-/Rahmquark
- 100 g entsteinte Datteln
- 1 TL Vanillezucker

1. Die Datteln in Streifchen schneiden.

2. Wasser, Milch, Salz und Zucker aufkochen. Den Maisgrieß einrieseln lassen, unter ständigem Rühren 4 bis 5 Minuten auf kleinem Feuer köcheln lassen. Der Grieß sollte nicht zu dick sein, eventuell mit wenig Milch verdünnen. Die Butter und den Grand Marnier unterrühren.

3. Die Polentacreme in vorgewärmte Dessertschalen füllen. Mit einem Eßlöffel eine Vertiefung drücken. Mit dem Sahnequark füllen. Die Datteln und den Vanillezucker darüber streuen.

Tipp: Das Dessert warm servieren. Ideal nach einer leichten Mahlzeit. Anstelle der Datteln können auch gemischte Beeren verwendet werden.

SÜSSE MAISBLINIS MIT AHORNSIRUP

für 8 Blinis

- 125 g feines Maismehl
- 1 EL Weizen- oder Dinkelvollkornmehl
- 1 EL Vollrohrzucker
- 1 Prise Meersalz
- ½ Hefewürfel, ca. 20 g
- 225 ml/2,25 dl lauwarme Milch

- Butterschmalz/Bratbutter oder Maiskeimöl zum Braten

- Ahornsirup

1. Mehle, Zucker und Salz mischen.

2. Die Hefe in wenig lauwarmer Milch flüssig rühren, mit der restlichen Milch zur Mehlmischung geben, zu einem glatten Teig rühren. Den Teig 15 Minuten ruhen lassen.

3. Für jedes Blini eine kleine Kelle Teig in das nicht zu heiße Butterschmalz geben, beidseitig langsam braten.

Tipp: Die Blinis mit Waldbeeren und wenig Ahornsirup servieren.

SÜSSE PFANNKUCHEN

für 4 – 6 Pfannkuchen

- 120 g Maismehl
- 200 ml/2 dl Milch
- 1 EL flüssige Butter
- 1 EL Akazienhonig oder Vollrohrzucker
- 1 Prise Meersalz

- Butterschmalz/Bratbutter zum Braten

1. Sämtliche Zutaten zu einem glatten Teig rühren. 20 bis 30 Minuten quellen lassen.

2. Aus dem Teig im nicht zu heißen Butterschmalz Pfannkuchen braten. Warm stellen.

Tipp: Die Pfannkuchen mit flaumig geschlagener süßer Sahne und Beeren füllen. Auch ein Kompott aus Rhabarber, Dörrfrüchten, Beeren oder Apfelmus eignet sich zum Füllen. Eiweiß-Allergiker ersetzen die Milch durch ²/₃ süße Sahne/Rahm und ¹/₃ Wasser.

Abbildung
Süsse Pfannkuchen

FEINE MAISCREME MIT BEEREN

für 4 bis 6 Personen

- 80 g 2-Minuten-Maisgrieß
- ½ l Milch
- 1 Prise Vanillepulver
- 2 EL Akazienhonig
- 250 g/2,5 dl süße Sahne/Rahm
- 200 g Beeren nach Wahl

1. Den Maisgrieß am besten in der Haushalt-Getreidemühle auf der feinsten Stufe nochmals mahlen oder im Reformhaus mahlen lassen.

2. Maismehl, Milch und Vanillepulver unter Rühren aufkochen, auf kleinem Feuer unter ständigem Rühren zu einer Creme einkochen lassen. Mit dem Honig süßen. Auskühlen lassen.

3. Die Maiscreme mit dem Handmixer luftig aufschlagen. Die süße Sahne steif schlagen, zusammen mit den Beeren unter die Creme ziehen.

Tipp: Für Allergiker ersetzt man die Milch durch halb Wasser/halb süße Sahne/Rahm oder Reismilch. Für ein kleines Dessert reicht die halbe Menge.

MAISGRIESS-FLAMMERI

- 100 g 2-Minuten-Maisgrieß
- 400 ml/4 dl Milch
- 2 EL Akazienhonig
- 2 EL gehackte Mandeln oder Haselnüsse
- 1 unbehandelte Zitrone, abgeriebene Schale
- 1 Prise Zimtpulver

1. Sämtliche Zutaten unter Rühren aufkochen, auf kleinem Feuer zu einem Brei einköcheln lassen.

2. Den Maisbrei in kalt ausgespülte Förmchen füllen. Auskühlen lassen.

3. Das Maisköpfchen auf Teller stürzen. Mit einer Fruchtsauce servieren.

Tipp: Für Allergiker die Milch durch halb Wasser/halb süße Sahne/Rahm oder Reismilch ersetzen.

Abbildung
Feine Maiscreme mit Beeren

APFELKÜCHLEIN IM MAISTEIGMANTEL

für 4 bis 6 Personen

- 4–6 große Boskoop

Ausbackteig
- 3 Freilandeier
- 200 ml/2 dl Milch
- 1–2 EL Akazienhonig
- 200 g feines Maismehl

- Maiskeimöl zum Fritieren

1. Für den Ausbackteig Eier, Milch und Honig verquirlen. Das Mehl dazugeben und glatt rühren.

2. Die Äpfel nach Belieben schälen und das Kerngehäuse ausstechen, die Früchte in 1 cm dicke Scheiben schneiden.

3. Das Maiskeimöl erhitzen. Die Apfelscheiben durch den Teig ziehen und im Öl backen.

Tipp: Mit Zimtzucker servieren; dazu Zimtpulver und Vollrohrzucker mischen.

SÜSSE KÜRBISCREME MIT MAISKÖRNERN

- 400 g Kürbisfleisch (250 g Püree), z. B. Butternut oder Oranger Knirps
- 1–2 Maiskolben oder 175 g Maiskörner aus dem Glas
- 2 EL Vollkornmehl
- Ahornsirup
- 3–4 EL Whisky

- Vanilleeis

1. Das Kürbisfleisch klein würfeln, im Dampf gut weich garen. Pürieren.

2. Bei den Maiskolben zuerst die Hüllblätter und die Barthaare entfernen. Dann die Körner mit einem scharfen Messer rundum dicht am Kolben abschneiden. Die Körner im Dampf knapp weich garen.

3. Das Kürbispüree in eine Pfanne geben. Das mit wenig Wasser angerührte Mehl unter das Püree rühren. Die Maiskörner dazugeben, die Creme auf kleinem Feuer unter ständigem Rühren köcheln lassen, bis sie eingedickt ist.

4. Die Creme mit Ahornsirup und Whisky abschmecken, heiß mit Vanilleeis servieren.

Tipp: Eignet sich als Dessert nach einer leichten Mahlzeit.

STICHWORTVERZEICHNIS

LITERATURHINWEIS

Mais. Landhausküche. Carlsen

Bänziger, Erica; Baule, Gisela. Kochen mit den Fünf Elementen. Midena

Beverly, Cox; Jacobs, Martin; Das Indianderkochbuch. Christian

Carper, Jean; Nahrung ist die beste Medizin. Econ

Graf, Emma. Die Getreideküche im Rhythmus der Wochentage. Michael Verlag

Renzenbrink, Udo; Zeitgemässe Getreide-Ernährung. Verlag am Goetheanum

Teubner, Christian; Gemüse - Die 100 besten Rezepte aus aller Welt. Teubner

Vergé, Roger. Meine provenzalische Gemüseküche. Mosaik

Waldmann, Werner; Zerbst, Marion; Chili, Mais und Kaktusfeigen. Hugendubel.

Zingerling, Cornelia; Chili, Mais & Bohnen. Gräfe u. Unzer

BEZUGSQUELLEN

Wer Mais im eigenen Garten anbauen und sich für die Erhaltung der biologischen Vielfalt einsetzen will, kultiviert alte Mais-Sorten, wie sie zum Beispiel bei Pro Specie Rara in der Schweiz oder bei Dreschflegel in Deutschland erhältlich sind.

Adressen

Pro Specie Rara, Sortenzentrale, Postfach 95, CH-5742 Kölliken
Telefon und Fax (Dienstag und Mittwoch, jeweils am Vormittag) 062/723 73 01

Dreschflegel, Föckinghauser Weg, D-49324 Mell

Bezugsquellen für Mais-Saatgut in der Schweiz

C. und R. Zollinger, CH-1894 Les Evouettes, Telefon: 024/481 40 35
Erhältlich sind 2 alte Zuckermais-Sorten indianischer Abstammung; da es keine Hybriden sind, schmecken sie weniger süß. Zudem wird eine alte Popcorn-Sorte direkt von den Indianern angeboten; Samen von Hopi-Mais steht in Aussicht.

Gärtnerei am Ekkarthof, CH-8574 Lengwil/Oberhofen
Telefon: 071/686 66 55, Fax: 071/686 66 56

Biosem, Susanne Jossi Jutzet und Adrian Jutzet, CH-2202 Chambrelien
Telefon: 032/855 10 58, Fax: 032/855 17 18

Blumengeschäft Katharina Zamboni und Eva Bachmann, Dienerstrasse 72,
CH-8004 Zürich, Telefon: 01/241 48 45
Das Angebot im Frühling 1998 umfasste 24 verschiedene Mais-Sorten wie: Zuckermais
«Golden Bantam», verschiedene Popcorn-Mais mit weißen, dunkelroten und violetten Körnern, Ribeli-Mais, Hopi-Mais (graurote, lange Kolben) und Weißer Riese.
Das Mais-Saatgut stammt aus Frankreich:
Ferme Anhalonium, Martin Haefeli, Brevette F-71500 Vincelles
Martin Haefeli ist Initiant eines Maisprojektes zur Erhaltung der Sortenvielfalt.

Wyss Samen und Pflanzen AG, Schachenweg 14, CH-4528 Zuchwil-Solothurn
Telefon: 032/686 68 68, Fax: 032/686 68 00

Samen Mauser AG, Industriestrasse 24, CH-8404 Winterthur
Telefon: 052/234 25 25, Fax: 052/233 57 46

Bezugsquellen für Mais-Saatgut in Deutschland

Samen Jansen, Beekweg 3, D-46399 Bocholt
Telefon: 031/315 651 235 (Niederlande)

Ulla Grall, Bäreneck 4/Efeuhaus, D-55288 Armsheim
Telefon: 06734 960013, Fax: 06734 96 00 14

Folgende Mais-Sorten sind bei Ulla Grall von der Ferme Ste-Marthe in Frankreich im Angebot: Maïs ancien jaune amarillo/Maïs ancien blanc Astarac/Maïs ancien rouge Jora/Maïs balai, Maïs multicolores (Ziermais), Popcorn-Maïs und Popcorn-Fraise.

Firma Allerleirauch GmbH, Demeter Saatgut, Kronstr. 24, D-61209 Echzell
Telefon: 06035 81 216, Fax: 06035 81 275

Bezugsquellen für Mais-Saatgut in Österreich

Garten der Vielfalt, von der Gruppe Erde, Herbersdorf 17, A-8510 Stainz
Telefon und Fax: 03463-4384

Bezugsquellen für Ziermais

In Samengeschäften und in Gartencentern sind Samentütchen von Ziermais erhältlich. Die Kolben mit blauen, roten, gelben und weißen Körnern sind nicht essbar, haben aber einen hohen Ziertwert. Sie eignen sich für bunte Trockengestecke, aparte Arrangements und farbenprächtige Dekorationen sowie als Herbst- und Winterschmuck im Freien. Zudem gibt es einen nicht essbaren, jedoch attraktiven Erdbeermais, der anstelle von Kolben Kugeln mit dunkelroten Körnern bildet.